亲爱的读者朋友们：

　　让学习成为你们终生的挚友吧，你们永远可以信赖并得益于它。

Mes chers lecteurs,

　　Que l'apprentissage devienne votre ami de cœur pour toute la vie. Vous pourrez toujours vous y fier et en bénéficier.

蔡槐鑫

2023年9月29日中秋于上海

Cai Huaixin
Le 29 sept. 2023 à Shanghai

精简与归一
法语课堂

Simplification et Homogénéisation
cours de français

王珊珊　赵英晖　著

①

出行篇

上海三联书店

精简与归一教学法，原名蔡式教学法。

本书是《蔡老师法语课堂》（2014）和《蔡老师法语课堂（会话篇）》（2016）的续篇。

精简与归一教学法创始人蔡槐鑫教授简介

1978—2015 年，任教于复旦大学法语系；

2002 年，因法语教学方面的杰出贡献，获颁法兰西棕榈教育骑士勋章；

1987 年至今，资深翻译，曾为中央部委领导、上海市政府领导、多位法国总统、总理、部长进行外事翻译；

2010 年至今，兼任上海市卫健委援外医疗队法语培训中心主任、上海交通大学医学院附属仁济医院中法博士班法语培训主任、法国伊斯德高等商学院（ICD）汉语教学负责人。

目　录

前　言

本书沿用《蔡老师法语课堂》(2014)和《蔡老师法语课堂(会话篇)》(2016)的编写体例,从中文原稿出发,使用规范法语给出标准稿,再针对学生的译文进行详细的解释分析。中文原稿均是在教师引导下学生的自创,法语标准稿经过多位外国专家严格审定,译文的解释分析是蔡老师及团队成员多年教学精华,注重词义在不同语境下的使用,其中引入了最具特色的一些概念帮助学生理解,比如:

"主轴语义":词典中就一个单词给出多个不同语义,这些不同语义其具有的共同意义趋向即"主轴语义";

"舰载机""航空母舰":主要运用在讲解直陈式复合过去时和直陈式未完成过去时的区别;

"语法附加值":我们看下面的例子,汉语说"明天你得做这件事",通常的意思是"明天你得开始做这件事"或"明天你得把这件事做完",但是法语 Tu dois le faire demain 那就是要"你得把(把 le 所指代的)这件事全部做完"。同一个法语动词在现在时里不具有、而在过去时或将来时则具有的"全部完成"的语义,我们称之为"(时态变化的)语法附加值"。

本书共 5 课,每课包含围绕主题的对话或短文。书后列有词汇表,方便学习者快速查阅。另外,较之《蔡老师法语课堂》和《蔡老师法语课堂(会话篇)》,本书新增法语标准稿的朗读录音,为学习者掌握法语语音和提高法语听力提供了素材。

本书之所以能够问世,离不开我与蔡老师的法语之缘。在与蔡老师结识之前，我已经从事法语教学工作十年。在这十年间，从教学小白到积累了一些经验，遵循语法、词汇、课文、练习的讲课顺序，依次完成，并没有对自己的教学方法有太深入的思考。但是，年复一年，时代在变，学习环境在变，学生也在变，越来越觉得我们传统的教学方法已经不太适合现在的学生，无法达到多年前的教学效果了。所以，这些年我不堪其扰，苦苦探索，也没有找到有效的解决方法。正在苦恼之际，在一次会议上结识了复旦大学蔡槐鑫教授。会上领略了蔡老师出色、精雅的口译表达，令我第一次感受到法语是那么的优美。在会议茶歇时，与蔡老师谈到我教学中的苦恼，他立即给出了解决方案，让我茅塞顿开。会议结束后，我又向蔡老师请教法语基础课的上课程序。蔡老师详细地向我解释了整个流程和这样操作的原因，以及可能会碰到的问题和解决方法。从那以后，我就下定决心跟蔡老师学习蔡式教学法，把好的方法带给我们的学生，使他们受益，同时提升自己的教学水平和法语水平。在跟蔡老师学习了一年之后，我将蔡式教学法（也称"精简与归一教学法"）引入了我们的课堂，与蔡老师一起进行了两年多的合作，留下了大量珍贵的一手教学材料。本书收录的文章包含了蔡老师和团队在复旦大学、上海交通大学、安徽大学和潍坊学院实施蔡式教学法期间的学生练习，出版本书的目的在于让蔡式教学法不只局限于一间教室，而是打破时间和空间的限制，让更多的法语学习者受益。

　　本书内容受众广泛，无论是教师还是学生都可使用。

　　对于教师来说，大体分两种情况。第一种，按照蔡式教学法的上课程序，教师在结束语音阶段、动词变位以及 20 句法语常用句的教学①之后，学生已经具备一定的法语基础，掌握了少量法语词汇，了解了法语句型构造的一般规则，可以自行借助词典翻译简单句子。这时就可以利用本书的中文原稿，让学生先翻译，再对照，教师再讲解，最后让学生背出标准稿。另一种，使用其他教学方法的教师，也可以把这本书作为辅助教材去运用，比如：从中挑选几篇文章让学生尝试翻译，自行对照和参看译文分析，最后背出标准稿；也可以让学生依据本书中的对话进行模仿和口语练习，由教师对书中的词汇辨析进行讲解。

本书可以帮助法语专业学生、公共法语学生、考研二外为法语的学生、准备留学的学生以及出于兴趣和工作需要自学法语的学习者学习标准法语，并适用于各类法语考试的备考阶段，例如：法语专业四级和八级考试、大学法语四级考试、研究生法语考试、《欧洲语言共同参考框架》下的 TCF、TEF、DELF、DALF 考试。

那么，各类型的学生该如何使用这本书呢？

法语专业学生可以先自行将中文原稿翻译成法文，再对照法文标准稿，最后在教师引领下或者自行学习译文分析。学生词汇量较小时，可以借助词典完成翻译；在具有一定的词汇量后，就可以尝试不借助词典独立翻译，待到阅读译文分析的时候再查阅词典。

公共法语学生和二外为法语考研的学生依然可以按照上述步骤进行练习，但是在练习的数量上可以减少一些，依据我们教师团队的实践经验，一般练习本系列书籍 10 课的内容就足够了。

至于准备留学的学生以及出于兴趣和工作需要自学法语的学习者

---

① 精简与归一教学法的语音阶段教学及"20 句法语常用句"参见《精简与归一教学法：教－学指南》（王珊珊、赵英晖著，上海三联书店，2025 年）。

来说，本书尤为实用。因为书中的译文分析基本上覆盖了大多数学生可能会犯的错误。

　　无论对于何种类型的学习者，都需要具备扎实的法语基础。遵循上述的练习方法，就能够很快地掌握法语的基本规则和句型框架，在其他应用场景再填上相应词语，就可以准确地表达不同的意思；并且也能比较顺利地阅读法文文章。教师团队多年实践表明，这样做是十分有效的，以不变应万变。

　　另外，本书的内容围绕"出行"展开，涉及与"问路""购票""旅游""高铁"等主题相关的词汇、句型以及中法之间的文化区别。该书内容的编排打破了传统意义上循序渐进、由浅入深的顺序。看起来不符合大多数人的学习习惯，但是这正是蔡式教学法所一贯秉持的理念，即外语学习没有循序渐进、由浅入深的过程，有用的即是重要的。

　　本书能够顺利出版，要特别感谢蔡老师的倾囊相助和李军教授的大力推介。他们心系我国法语教学事业，希望更多的法语学习者能从蔡式教学法中受益，成为优秀的法语人才，向世界讲好中国故事。

　　本书的插图和版面设计由上海工程技术大学的方芳老师和陆纯纯老师执笔，谨在此感谢她们为本书带来的趣味性与活力。

王珊珊

2023 年 1 月 20 日于潍坊

序

聚沙成塔　细节制胜

蔡槐鑫教授是我非常敬仰的一位学者。我与他相识已有多年。他一生致力于法语教学，并在这条路上摸索出一套行之有效的方法，即精简与归一教学法（也称蔡式教学法），使众多的法语学习者可以在半年至一年的时间内掌握法语基础知识并能使用流利优雅的法语口语与对方交流。我非常赞同他的教学方法和教学理念。他多次受国内外的大学和组织的邀请去给教师做讲座。

教学法实际上是由"教"与"学"共同组成的。精简与归一教学法正是兼顾"教"与"学"的科学方法。把学生的"学"作为主体，把教师的"教"作为辅助。《精简与归一法语课堂》系列丛书正体现了精简与归一教学法的外语教学理念，即"外语学习分为输入与输出"，并且所有的材料都是来自学生。"输入"是获取知识，"输出"是训练产出。学生在具备一定的法语基础之后，做中翻法的练习，此过程是第一个"输入"与"输出"的过程；对照法语标准稿，查看译文分析，从而发现自己的错误并记住它，以便之后在另外一个场景中使用其基本句型框架再换成其他词语，自由产出，此乃第二个"输入"与"输出"的过程。

该书内容是精简与归一教学法实践下给我们留下的珍贵教学资料，经过多年实践，成效显著。书中的中文原稿是学生自编文章，是学生自己思想的表达；译文分析注重中法文互译中的知识细节，根据情境选择时态和词汇。学习者不但能学习到精准的法语表达，而且可以提高自己的中文水平。因为法语的准确表达离不开符合逻辑的中文表达。所以，该书是迄今为止不可多得的通过母语来学习外语，再反哺母语的书。这么多精华的内容如果不分享出来就太可惜了。

学习者在使用该书时，建议先根据中文原稿翻译成法语，然后打开书对照标准稿，再参看译文分析，找到自己的问题，最终把标准稿和细节知识点记住。学习者如能按此操作，无论参加什么样的考试都能游刃有余，得心应手。

该书适用者广泛，所有学习法语的人都可以使用。尤其适合自学法语者和出国学习的人。因为在他们学习法语的过程中，没有老师经常性的辅导，而且大多数的问题出现在法语表达方面，即中文到法文的产出。所以，一方面，拥有该书就相当于拥有了一个随时在线的"老师"，而且他可以解决大部分法语问题。另一方面，该书所选文章都是与学习者的生活和学习息息相关的，都是叙述身边的故事。学习者一旦掌握了书中教授的法语表达的基本框架，那么在实际的运用中根据场景变换词语，就可以轻松达意了。所以这本书面向所有热爱法语、学习法语的人们，是为在学习法语过程中遇到种种问题，而苦于找不到答案的人而编写的。我相信，从这本书里，你可以找到你想要的答案，甚至你可以惊喜地发现之前从未想过的一些对法语知识细节的解释。

《精简与归一法语课堂》系列就像一把钥匙，帮助学习者打开提升法语水平的大门。学习者在这里聚沙成塔，把一点一滴的法语知识细节牢牢掌握，将会为自己的未来增添更多的可能性。

李 军

2023 年 2 月 10 日于北京

使用说明

为增强学习效果，您可以按如下步骤学习本教程的每一课：

1. 先把每一课开篇的中文文章翻译成法语。翻译过程中可以借助词典、其他教程、自己的学习笔记等，但请勿借助翻译软件。

2. 将您的译稿与本教程提供的标准稿进行对照，标出问题，尝试借助词典自行解答。

3. 查看本教程提供的学生译稿示例，检查自己是否也犯了同样的错误。

4. 查看本教程提供的解释。

精简与归一法语课堂 1

第一课 问路
Leçon 1

第一部分　问路
Première partie　Demander le chemin

【中文原稿】

对话一：

A：您好，女士，我看到您脸色不太好，是遇到什么麻烦了吗？

B：您好，先生，是的，正如您所说，我有些迷路了。我要去复旦大学的逸夫科技楼听讲座，您知道它在哪里吗？

A：这个我知道，我对复旦很熟悉。

对话二：

A：您好，先生，您在找什么？

B：请问逸夫科技楼怎么走？（我要听一个讲座。）

A：那儿离这里并不远，只需要走 5 分钟就到了。从这里一直走，到相辉堂。然后右转，之后再走两分钟。您会看到对面有一栋白色的房子，那就是逸夫科技楼。

B：非常感谢您的帮助，否则我就赶不上讲座了。

A：不客气，再见。

【法语标准稿】

Dialogue I :

A : Vous avez l'air un peu perdu. Avez-vous besoin d'aide ?

B : Bonjour Monsieur. Oui effectivement, je suis perdue. Je me rends à une conférence qui est programmée dans le bâtiment Yifu. Où se trouve-t-il, ce bâtiment ?

A : Je connais bien le campus. (L'Université Fudan m'est familière.)

Dialogue II :

A : Bonjour Monsieur, avez-vous besoin d'aide ?

B : Bonjour Madame, oui, j'ai besoin de me rendre au bâtiment Yifu. (J'ai une conférence à suivre.)

A : C'est à 5 minutes à pieds. Vous allez tout droit jusqu'au bâtiment gris. Vous tournez à droite et continuez tout droit pendant 2 minutes. Vous aurez alors devant vous le bâtiment que vous cherchez.

B : Merci beaucoup. Sans vous, j'aurais certainement raté la conférence.

A : Je vous en prie. Au revoir, Madame.

教师解释：

1. 1）首先，学生稿的人称 tu 用错了，madame "夫人、太太"是尊称，其对应的人称代词必须是 vous。

2）其次，法语中没有 confusée 这一词汇，只有 confus(e) "感到惭愧、不敢当、感到羞愧、模糊、含糊"。但从本文场景上下文来看，女士只是迷路而已，迷路的程度绝不会到 avoir l'air confuse "脸色不好、感到羞愧"的地步，因此 avoir l'air confuse 用在此处不妥。**注意**：我们在进行汉法转换时，要注意汉语原句在逻辑、选词、语气等各方面是否存在错误、是否有不妥的地方。我们必须先"消灭"所谓"母语端"的错误以后，方能进行汉法转换，否则对方很可能会看不懂或感到困惑。

3）En quoi puis-je vous aider ? 这句话在转换成汉语时，因为考虑到汉语的通顺，我们往往译成"我可以帮助您吗？"但实际上 en quoi 是"在哪方面、什么地方"的意思。这是对话的第一句话，应当首先询问是否需要帮助，然后再问在哪方面需要帮助。如果在这里直接使用 En quoi puis-je vous aider ? 来进行询问，那就已经假定那位女士需要帮助了。这样给人的感觉是缺少了过渡，似乎太快了一点，所以应当改为 Avez-vous besoin d'aide ?。

4）如果"脸色不太好，是遇到什么麻烦了"我们可以理解为"那位夫人生病了"，那我们就可以直截了当地问 Êtes-vous malade ？"您脸色不太好"还有一个说法：Vous n'avez pas bonne mine。

5）直译"遇到什么麻烦了"，我们可以说 Qu'est-ce qu'il y a ？"怎么了？"。Avez-vous un problème ？"您有什么问题吗？"。Avez-vous besoin d'aide ？"我可以帮助您吗？"这一处理方式很好，凸显"关心，想去帮助那位女士"的态度和举止。

中文原稿：

您好，女士，我看到您脸色不太好，是遇到什么麻烦了吗？

标准稿：

Vous avez l'air un peu perdue. Avez-vous besoin d'aide ?

学生稿：

Bonjour madame. Tu as l'air un peu confusée, en quoi puis-je vous aider ?

2. 1）中文原稿中给出的这个句子本身存在一些问题。①"脸色不好"一般是指某人生病了。在外语产出中必须十分警惕"母语端"出错，如果对此不加注意而贸然地进行字面翻译，那外语

中文原稿：

您好，先生，是的，正如您所说，我有些迷路了。

———————————

① 精简与归一教学法的中文原稿是在教师引导下学生自创。这样做的目的之一就在于发现学生在学习外语时，由母语端的问题而导致的外语产出错误。

受众就无法明白我们在说什么。

2）确实，汉语"正如您所说，我有些迷路了"可以理解成"您说得对，我有些迷路了"。但是，在这里"您说得对"却不能用 vous avez raison 来进行转换，因为 raison"理性"内含思辨过程，vous avez raison 用在这里，语义显得过重。本场景中的"您说得对"只是"确实是这样、您没说错"的意思。遇到这类情形，我们只要简单地应承一下即可，说一个 oui 或一个 non 就可以了。但是在本场景中却很难只用 oui 或 non 应承，因为前面一组句子，里面有肯定疑问句和否定疑问句，可能还有特殊疑问句，遇到这类情况，说一个 oui"是的"，再加上 effectively"确实是这样"就可以了。

标准稿：

Bonjour Monsieur. Oui effectivement, je suis perdue.

学生稿：

Bonjour Monsieur. Oui, vous avez raison, je suis perdue.

3. 1）从汉语的角度看，"我要去（复旦大学的）逸夫科技楼听讲座"语句似乎正确，没有问题。但倘若仔细分析，我们就会发现"我要去复旦大学的逸夫科技楼听讲座"这一中文句子存在歧义：那位女士究竟是在哪里迷路的？是在复旦大学以外迷路了，因而找不到复旦大学？还是在复旦大学里面迷路了，因而找不到逸夫科技楼？如果是前者，那只要简单地说"我要去复旦大学"就可以了，如果是后者，那就没必要说出"复旦大学"。在本场景中，那位女士更应当是已经在复旦大学里面了，所以在翻译时应当省略"复旦大学"：Je me rends à une conférence qui est programmée dans le bâtiment Yifu。

2）"我要去逸夫科技楼听讲座"这句话内含两个信息："去逸夫科技楼"+"听讲座"。先"去逸夫科技楼"，然后"听讲座"。老蔡发现，在汉语中，句子成分在句中的先后顺序就是这些句子成分的所指实际出现的时间顺序。汉语说了"去逸夫科技楼"，最好还得补充说明"去干什么"，否则就会被视为语句不完整。是否能听到讲座，还得取决于能否抵达逸夫科技楼，逻辑清晰，没有问题。但是在进行汉法转换时，如果我们不注意，将"去逸夫科技楼"和"听讲座"都表达出来，甚至将"听讲座"处理成主句的谓语和宾语，进而将"去逸夫科技楼"处理成状语（如同本段学生译文），那就会误导受众的注意力聚焦于"听讲座"这件事了，受众会

中文原稿：

我要去复旦大学的逸夫科技楼听讲座，你知道它在哪里吗？

标准稿：

Je me rends à une conférence qui est programmée dans le bâtiment Yifu. Où se trouve-t-il, ce bâtiment ?

学生稿：

Je suivrais(suivrai) une conférence au bâtiment Yifu de l'université de Fudan.

产生不知所云的感觉。学生译文 Je suivrais (suivrai) une conférence au bâtiment Yifu 给出的语义为"我将在逸夫楼听讲座"，听者会理解成是对将来会发生的事件的描写，表示位移的"去"字就完全消失了。**注意**：以后遇到这类情况，一定得注意先从汉语语句中可能呈纷乱状态的信息中辨别出主要的信息，然后再予以汉法转换，使故事的展开有逻辑。因此，"我要去复旦大学的逸夫科技楼听讲座，你知道它在哪里吗？"可以转换成"我在找逸夫科技楼，你知道它在哪里吗？"：Je cherche le bâtiment Yifu, s'il vous plaît ?。

3）法语确实有 suivre un cours "听课"、suivre un exposé "听报告"、suivre une conférence "听讲座"等用法，但这些表述中的 suivre 除了"听课"的语义之外，还有 assister assidûment, assimiler un enseignement, se montrer apte à le comprendre "认真听、消化课程、表现出能懂的能力"等潜台词，而本文场景只是说"想去到做讲座的地方"，故应采用标准稿 Je me rends à une conférence。

4）标准稿中的 une conférence 是以"讲座"来表示"做讲座的地方"。标准稿中的 me rends（se rendre "到……去、赴"）是 aller "去"的同义词，aller 属于日常用语，也可以用在此处，但 se rendre 比 aller 更为雅致、规范。

5）假如我们一定要使用 Je suivrais (suivrai) une conférence au bâtiment Yifu 来表达"我要去逸夫科技楼听讲座"的话，那 suivrais 或 suivrai 依然错了。首先我们要说明的是，现在法国有很多人在法语发音上并不是很明显地区分 suivrais [ɛ] 和 suivrai [e]，但无论是哪一个，都是错误的。suivrai 是动词 suivre 的直陈式将来时形式。顾名思义，将来时就是将来的某一个时间点会发生的事，可以是很久以后的将来，也可能是较近的将来，但在本场景中却是很快就要发生的事。suivrais 是动词 suivre 的条件式现在时形式。条件式是表示"虚拟"（l'iréel）的语式，即说话人认为句子所表达的内容不是事实上可能存在的东西。根据这一解释，Je suivrais une conférence au bâtiment Yifu 就是说"我要在逸夫楼听一个讲座，那是不可能的"，这就和中文句子对不上了。有同学问，条件式不是可以用来表现礼貌吗？确实，条件式可以用来表示礼貌，但这必须符合一个条件，即用在当你得麻烦别人时，例如：je voudrais vous poser une question, s'il vous plaît "我想向您提一个问题"、pourriez-vous me donner un coup de main "你能帮我一下吗"。这两个例句之所以用条件式，是因为我请求你帮助我或向你提问，都是非分的要求，我已经做好了遭到拒绝的准备。由此可以看出，条件式旨在不强加于人，所以非常礼貌。如果换成直陈式，那就有了强加于人的感觉。在本文中，"我要去……"只是在说明自己的情况，还没有麻烦别人，所以不能将动词 suivre 变成其条件式形式 suivrais。如果一定得把"我要去逸夫科技楼听讲座"转换成法语，那我们可以说 Je dois aller suivre une conférence dans le bâtiment Yifu。

6) 介词 à + 表示地点的名词，用作地点状语，例如：au bâtiment Yifu，但法语受众无从知道这一表达法指的是在逸夫楼的里面还是旁边，故学生译文应改为 dans le bâtiment Yifu 予以明确。

7) 标准稿并没有对"要"进行汉法转换，这是因为法语谓语动词的直陈式现在时在很多情况下可以同时表示该动词动作的展开和实施该动词动作的意愿，se rendre 就属于这类动词，故在本文场景中没有必要再转换"要"了。

8) 汉语"我要去逸夫科技楼听讲座"是很正确的语句。我们可以将之转换为 Je me rends à une conférence dans le bâtiment Yifu，从语法上看没有错误，但其口吻却极为肯定，显得有些僵硬而不太礼貌。但如果我们添加 qui est programmée：Je me rends à une conférence qui est programmée dans le bâtiment Yifu，那就表现出了谦逊的、不自以为是的态度："日程安排如此，并非我强加于人"，并且，"日程安排如此，我不知是否有变"，显得很有礼貌了。**注意：** 在街上问路时，切记必须讲究文明礼貌。

9) 中国大学的名称一般都是"某某大学"这样的结构，要转换成法语时，只有当其中的"某某"是地名时，才用介词 de，例如北京大学 Université de Beijing、Université du Zhejiang、Université de Strasbourg。如果该大学的名称"某某大学"中的"某某"不是地名，则不需要介词 de，例如 Université Fudan、Université Jiaotong。确实，有一些法国人会说 Université de Fudan，那是因为他们并不知道"复旦"不是地名。

 【学生提问】

J'ai une conférence à suivre dans le bâtiment Yifu. Où se trouve-t-il, le bâtiment Yifu ?
这样翻译可以吗？

 【教师回答】

首先，J'ai une conférence à suivre "我要听一个讲座"并不意味着你一定会去听，而且通常人们说这句话时，可能还待在家里没动身出发呢。其次，前一句已经出现了 le bâtiment Yifu，而后一句又完整地出现了 le bâtiment Yifu，犯了"法语应避免重复"的大忌，故应做一些改变：Où se trouve-t-il, ce bâtiment。

- -

4. 1) 这句中文句子在真实生活中是不常见的。请同学们想一下，如果有人向你们问路，一般人都直接回答，而不会特别强调对这个地方熟悉。

中文原稿：
这个我知道，我对复旦很熟悉。

2）"这个我知道，我对复旦很熟悉"就是"我很熟悉复旦"的意思，所以标准稿译成 Je connais bien le campus 或 L'Université Fudan m'est familière。

标准稿：

Je connais bien le campus. (L'Université Fudan m'est familière.)

学生稿：

Je le sais. Je suis familier à l'université de Fudan

3）学生译文 Je le sais 错得很厉害。首先，从学生译文的上下文来看，Je le sais 中的宾语代词 le 指代的是 le bâtiment Yifu，而法语语法规定，动词 savoir 如果要使用宾语代词 le，那么这个宾语代词只能用于指代前面说过的某件事，而非某物。如果一定要表达"我知道、我去过那幢大楼"，那应当说 je le connais。其次，在对话场景中，je le sais 给出的语义是"你所说的这件事我知道"，这很可能是在表示不耐烦，会很不礼貌，同学们应慎用。

4）法语确实存在 être familier à 这一短语，A être familier à B 的意思是"对 B 来说，A 就像家庭成员一样，也就是说 B 非常熟悉 A"。以此推理，学生译文 Je suis familier à l'université de Fudan 给出的语义是"复旦大学很熟悉我"。故应改为标准稿 L'Université Fudan m'est familière。

5）法语专有名词的第一个字母要大写，故学生译文 université de Fudan 应改为 Université Fudan。

5. 学生译文 qu'est-ce que vous cherchez 在此是错误的翻译。根据上下文，这里的"您在找什么？"是"您在找什么路"的意思，而 qu'est-ce que vous cherchez 只能是寻找某个物品，寻找某条路不能用 chercher。

中文原稿：

您好，先生，您在找什么?

标准稿：

Bonjour Monsieur, avez vous besoin d'aide ?

学生稿：

Bonjour Monsieur, qu'est-ce que vous cherchez ?

6. 学生稿存在两个问题：首先是 il faut "必须"语义太重了。il faut 的意思是某种规定、道德或习俗要求你这样做，不能违背。用在这里显得很不妥当。有同学问，其条件式形式能否在语气上显得更婉转一些？还是不行。因为在这里使用条件式的话，只是通过虚拟的处理，表达了说话人认为句子的信息和事实不符而已，意思变成了"可能只需要走 5 分钟吧"，而无法软

中文原稿：

那儿离这里并不远，只需要走 5 分钟就到了。

标准稿：

C'est à 5 minutes à pieds.

学生稿：

Il n'est pas loin d'ici, il faut seulement 5 minutes à pieds.

化、婉转 il faut 的语义。其次，"只需要走 5 分钟就是了"我们可以说 C'est à 5 minutes à pieds。A est (se trouve) à 5 minutes à pieds (de B) "A 距离（B）步行五分钟"是一个专门的表达法。当然在本文中为了避免重复，我们省略了 d'ici "离这里"。我们可以说 il suffit de marcher pendant 5 minutes et vous le trouverez，但这有点啰嗦，所以"那儿离这里并不远，只需要走 5 分钟就到了"，我们可以采用标准稿 C'est à 5 minutes à pieds 一言蔽之。

【学生提问】

C'est à 5 minutes à pieds. 可以把 Ce 换成 Il 了吗?

【教师回答】

不妥，因为 Il 只是指代 le bâtiment Yifu，而 ce 则同时包括了"您"走过去的速度。

----

7. 1）bâtiment 和 immeuble 的区别：bâtiment 办公室、住宅楼、厂房、仓库、库房等所有的建筑，但高度一般不超过五六层楼。Immeuble 里面只有办公室和住宅，包括宾馆，从四五层的楼到几十层的楼都可以称为 immeuble。当然，到了十几、二十几层以上，我们也可以称之为 une tour。

2）Vous allez tout droit jusqu'au bâtiment gris. 学生这一译文没有错，但同时又是错的！这是因为"相辉堂"对了解复旦校园的人来说意思很清楚，但不熟悉复旦校园的人很可能不知道"相辉堂"是什么，而且法语没有 [x] 这个音，如果对方不认识汉字，你说出"相辉堂"这三个字以后，还得准备好做解释，倒不如直接用其颜色特征来描述它，说 bâtiment gris 来得简单省事。

3）à 2 minutes，在法语中"两分钟"的时间长度用作状语是不能用介词 à 引出来的。遇到需要介词引出时间长度状语，一般使用 pendant 都不会错。有同学问能否使用 pour 引出时间长度状语? 不行。在法语中，pour 有很多用法，但是其最基本的语义是"为了"，间接或直接地表示目标、原因，而时间长度状语只能是动作的结果。但是我们也确实看到 pour deux jours、pour un an 的用法，那就成了计划、目标了，例如：je suis en France depuis 3 jours pour une semaine "我在法国已经三天了，我一共要待一个星期"。

中文原稿：

从这里一直走，到相辉堂。然后右转，之后走两分钟。

标准稿：

Vous allez tout droit jusqu'au bâtiment gris. Vous tournez à droite et continuez tout droit pendant 2 minutes.

学生稿：

Vous allez tout droit jusqu'au bâtiment Xianghui. Vous tournez à droit et marchez tout droit à 2 minutes.

4）学生译文 Vous tournez à droite et marchez tout droit pendant 2 minutes. 这句话本身没有错，但因为它处于句群中，所以就可能会和句群的其他句子发生"链接效应"，而有时句群间的"链接效应"会产生歧义。假如学生译文这句话是成立的，那我们就可以诠释为："右拐"可以是开车的，然后"下车再步行两分钟"。如果改成 continuez 那就一点问题也没有了。

8. 1）学生译文中的 en face de 用得稍有不妥。一般来说 en face de "面对着"是静止不动的。我们可以说 elle s'est assise en face de moi "她面对着我坐了下来"，但是很难说"您面对这幢房子抵达"。遇到这种情况，我们倒不如说 Vous arriverez juste devant le bâtiment。然而 arriverez（原形动词 arriver "到达、抵达"）说的是"到达"这一行为，会让听者聚焦这一动作如何发生，用在此处虽然也能达意，但有些欠妥。

2）face à 和 en face de 的区别：face à "朝、向着"是面对着、迎难而上，含有动词的意义；而 en face de 则是静态的，表示状态。

3）标准稿和学生译文都没有转换"白色"。标准稿 le bâtiment que vous cherchez "您寻找的那幢楼"，而学生译文 en face du bâtiment = en face de + le bâtiment 采用定冠词 le 来说明是"那幢楼"，也是一个很不错的处理。

4）鉴于"您会看到对面有一栋白色的房子"中，"您会看到"并不是关键词，故标准稿和学生译文都没有进行转换。

5）标准稿中的 alors "于是、到了那时"旨在链接前后两句话，说明因果关系。

6）我们在向法国人介绍某建筑时，经常会说"你们能看到前面是一个……"，法语经常转换为 Vous avez devant vous...。

中文原稿：

您会看到对面有一栋白色的房子，那就是逸夫科技楼。

标准稿：

Vous aurez alors devant vous le bâtiment que vous cherchez.

学生稿：

Vous arriverez juste en face du bâtiment.

 【学生提问】

Vous aurez devant vous le bâtiment que vous cherchez 中的两个谓语为什么一个用将来时，而另一个却是现在时？

 【教师回答】

因为 vous cherchez 是"您在对话时正在找"，而 Vous aurez 则是"步行 5 分钟、左拐、步行 2 分钟之后的事，而在说这句话时，这些行为还没有开始呢"。

9. 1）标准稿和学生稿都没有转换"您的帮助"，因为法语 Merci beaucoup 已经足够。

2）sinon 的意思是 Une articulation logique exprimant une hypothèse négative "表达否定假设的逻辑链接"[1]。学生稿中只有 Merci beaucoup，而没有"您的帮助"，因此无法使用 sinon。故标准稿使用了 sans vous "没有您"。

3）学生稿 je raterais la conférence 中的 raterais 是动词 rater "错过、误了"的条件式现在时变位形式，条件式现在时的意思是对接下来的事进行假设，因为是接下来的事，所以还有不发生的可能。标准稿使用的是条件式过去时："如果没有您的帮助，我已经赶不上讲座了"，表现的谢意更诚恳。

4）标准稿加上 certainement 旨在强调"很可能"，但不是"一定"的。

中文原稿：

非常感谢您的帮助，否则我就赶不上讲座了。

标准稿：

Merci beaucoup. Sans vous, j'aurais certainement raté la conférence.

学生稿：

Merci beaucoup, sinon je raterais la conférence.

10. 1）"不客气"在本场景中不能说 Ce n'est pas grave。因为 Ce n'est pas grave "这不严重"是说"你麻烦了我，但是麻烦程度不大"，所以用在这里很不礼貌。有同学问可不可以说 De rien？在本场景中也不行，因为 de rien 一般用在朋友之间。在本场景中要用 je vous en prie，这是正式场合的礼貌用语。

2）说完了 Au revoir 以后，一定要加上 Madame、Monsieur 或受众的名号，以示礼貌。

中文原稿：

不客气，再见。

标准稿：

Je vous en prie. Au revoir, Madame.

学生稿：

Ce n'est pas grave. Au revoir.

---

[1] 《拉鲁斯法汉词典》，北京：商务印书馆，2014。

第二部分　问路、指路
Deuxième partie　Demander le chemin, indiquer la direction

【中文原稿】

在街上：

1. A: 对不起，女士，请问您是这个街区的吗？

   B: 嗯，是的。怎么了？

   A: 我迷路了，我在找国定路。您知道它在哪里吗？

   B: 知道。您走右边第二条街，然后一直走，在国定路和邯郸路街角处有家中餐馆。

   A: 离这儿远不远？

   B: 不远，步行大约两分钟。

2. A: 对不起，先生，去夏特莱广场要从哪里走？

   B: 从这里到那儿很方便。您只要沿着塞纳河走，就能到夏特莱。

   A: 我沿着塞纳河朝哪个方向走呢？

   B: 从这里呀，小姐！您顺着塞纳河走！夏特莱就在您的右边，在巴黎古监狱对面。

   A: 是吗？我原以为应该穿过塞纳河呢！

   B: 不，小姐，您沿着河岸走就可以了。

3. A: 对不起，小姐，139 路汽车往大柏树方向的车站在哪边？

   B: 确实有一个公共汽车站，但不是 139 路，而是 132 路。啊不，对不起，我记错了，139 路是从那边那条街经过；而车站在更远一点的地方，往大柏树方向的车站就在农业银行那儿。

【法语标准稿】

Dans la rue :

1. A : Pardon, excusez-moi, Madame, connaissez-vous le quartier, s'il vous plaît ?

   B : Souhaitez-vous un renseignement ?

   A : Je suis perdu, je cherche la rue Guoding.

   B : Oui, prenez la deuxième rue à droite, ensuite allez tout droit et vous trouverez un restaurant chinois à l'angle de la rue Guoding et Handan.

   A : C'est loin d'ici ?

   B : Non, juste à deux minutes à pied.

2. A : Pardon, Excusez-moi, Monsieur, la place du Châtelet, s'il vous plaît.

   B : C'est facile de s'y rendre d'ici. Vous n'avez qu'à longer la Seine et vous vous trouverez vite à Châtelet.

   A : Dans quelle direction ?

   B : C'est par ici, Mademoiselle ! Vous longez la Seine ! Châtelet est à votre droite, en face de la Conciergerie.

   A : Ah bon, je croyais qu'il fallait traverser la Seine !

   B : Mais non, Mademoiselle. Vous n'avez qu'à longer la rive.

3. A : Pardon, excusez-moi, Mademoiselle, où se trouve l'arrêt du bus 139 direction Dabaishu, s'il vous plaît ?

   B : Il y a un arrêt tout près d'ici. Ah non, ce n'est pas le 139, mais le 132. Oh, excusez-moi de m'être trompée, le 139 passe par cette rue-là, mais l'arrêt se trouve un peu plus loin dans cette direction. L'arrêt du bus 139 en direction de Dabaishu se trouve à côté de la Banque Agricole.

教师解释：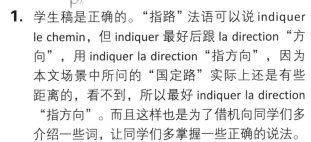

1. 学生稿是正确的。"指路"法语可以说 indiquer le chemin，但 indiquer 最好后跟 la direction "方向"，用 indiquer la direction "指方向"，因为本文场景中所问的"国定路"实际上还是有些距离的，看不到，所以最好 indiquer la direction "指方向"。而且这样也是为了借机向同学们多介绍一些词，让同学们多掌握一些正确的说法。

中文原稿：

问路、指路

标准稿：

Demander le chemin, indiquer la direction

学生稿：

Demander, indiquer le chemin

2. 关于标准稿的解释：

1）"对不起，女士，请问您是这个街区的吗？"如何用法语表达做到最礼貌呢? 在汉语中，我们在街上或其他公共场所打扰别人、向别人问讯时，如果说声"对不起"，然后再展开接下来的内容，就已经足够礼貌了。但我们倘若仅用词典给出的法语对应词 pardon 简单地转换成法语，那是不够的，还得加上 excusez-moi：Pardon, excusez-moi, Madame, connaissez-vous le quartier, s'il vous plaît ？"对不起（我打

中文原稿：

对不起，女士，请问您是这个街区的吗？

标准稿：

Pardon, excusez-moi, Madame, connaissez-vous le quartier s'il vous plaît ?

学生稿：

Excusez-moi, madame, vous êtes de ce quartier ?

扰您了），请您原谅，请问您是这个街区的吗？"。在本文的情景中，我们也可以说 Bonjour, excusez-moi, Madame, connaissez-vous le quartier, s'il vous plaît ? 这两种表达方式是最为礼貌和最为常用的。请同学们别忘记在最后还得加上 s'il vous plaît 。pardon "对不起、劳驾"只是请别人原谅自己的打扰，而 excusez-moi "（请）您原谅我"旨在说明"我想请教一个问题，继续打扰您"。如果要想表达得更好，我们可以说：Pardon, Madame, excusez-moi de vous déranger, connaissez-vous le quartier s'il vous plaît ?。如果我们只说 Pardon, Madame, êtes-vous du quartier, s'il vous plaît ? 虽然也表示了礼貌，但因为缺少 excusez-moi，会被视为礼貌程度不够。

2）"请问您是这个街区的吗？"可以转换成 êtes-vous du quartier, s'il vous plaît ?，也可以说 connaissez-vous le quartier s'il vous plaît ? 第一选项是正确的，而且法国人也是这么表达的。但老蔡认为，第二选项在本文场景中可能更好，因为我们可以不是该街区的居民而很熟悉该街区。而且这样也是为了借机向同学们多介绍一些词，让同学们多掌握一些正确的说法。

一般情况下，法国人在表示完礼貌以后，不问您是否是这个街区的人，因为这样的问题涉及被询问者的隐私，法国人会直接说 sauriez-vous où se trouve la rue... 或 savez-vous où se trouve la rue...。从这一角度判断，中文原稿似乎有些不妥。当然，这里为了尊重学生的原稿，标准稿还是给出了 Connaissez-vous le quartier, s'il vous plaît ? 的译文。**注意**：如果某人说的话是由多个句子组成的句群，为表现礼貌，要说 s'il vous plaît，s'il vous plaît 总是放在整个句群的最后，s'il vous plaît 作为句群的结束，其后不能再跟成分了。

关于学生稿的讲评：
1）Excusez-moi, madame, vous êtes de ce quartier 这句话中缺少 Pardon 和 s'il vous plaît，不够礼貌（具体解释请参阅上文）。
2）作为对对方的称呼，madame 的首字母应当大写：Madame。
3）vous êtes de ce quartier 中的主谓语没有倒装。在街上向陌生人问路，属于正式场合，所以最好完全符合法语规范。
4）vous êtes de ce quartier 中的指示形容词 ce 用得不是很妥当。虽然 ce 作为指示形容词有两个基本的用法（前文已经提及的、在对话双方眼前的），但都是强调。在本文中我们并不需要强调，所以用定冠词 le 就可以了。再说，如果和英语相比较，法语的 ce 同时是英语的 this 和 that，这也会使受众费解。反过来说，如果我们把 êtes-vous du quartier 这一法语句子转换成汉语，那我们也得译成"您是这个街区的吗"。所以"您是这个街区的吗"这一句子转换成法语，有 êtes-vous de ce quartier 和 êtes-vous du quartier 两种可能。那么到底该采用哪一句呢？这就需要我们判断是否有必要强调了。

3. "嗯，是的。怎么了？"汉语的这一表达似乎表达了某种不高兴、不耐烦。如果确实要表现这一不高兴的反应，当然可以转换成 Hum, oui, qu'est-ce qu'il y a ? 但是 qu'est-ce qu'il y a ? 给人的感觉是：有人在某处喧哗，负责人一边说着 Qu'est-ce qu'il y a ? 一边过来查看，其目的是将喧哗的人驱赶走。标准稿采用的是较为礼貌的应答方式：Souhaitez-vous un renseignement ? "您想了解什么吗？"。我们也可以说 Oui, en quoi puis-je vous aider ? "有什么可以帮助您的？"。**注意**：当下有些法国年轻人虽然也会说 Hum, oui, qu'est-ce qu'il y a ? 但我们中国同学在进行法语表达时应避免，保持礼貌。

中文原稿：

嗯，是的。怎么了？

标准稿：

Souhaitez-vous un renseignement ?

学生稿：

Hum, oui, qu'est-ce qu'il y a ?

 【学生提问】

标准稿为何没有 Bonjour Madame 或 Bonjour Monsieur 以显礼貌？

 【教师回答】

在回答路人问路时，可以省去 Bonjour Madame 或 Bonjour Monsieur 直奔主题：Souhaitez-vous un renseignement ? "您想了解什么吗？"

 【学生提问】

Oui, je le suis. Qu'est-ce qu'il y a ? 这样翻译可以吗？

 【教师回答】

除了 Qu'est-ce qu'il y a ? 缺少礼貌以外，je le suis 也有些不妥。根据上下文，法语受众能理解，但不符合法语语法。中性代词 le 作为系动词 être 的表语，只能替代不带冠词的形容词、名词或分词，但不能替代介词 de 引出的地点补语。

 【学生提问】

Ben oui, qu'est-ce qu'il y a ? 这样翻译可以吗？

 【教师回答】

这一学生建议除了 Qu'est-ce qu'il y a ? 缺少礼貌以外，Ben oui "当然啰"用得很不妥，因为给人的感觉是说话人很高傲。

4. 学生译文 Vous savez où il est ? 存在三个问题：

1）主谓语没有倒装。

2）où il est 中的第三人称代词阳性用错了，因为 la rue 是阴性名词，得用 elle 指代。

3）je cherche la rue Guoding. Vous savez où il est ? 这句话撇开其语法错误不谈，Vous savez où il est 是多余的，因为 je cherche la rue Guoding "我在找国定路"，已经把意图说出来了。如果再说 Savez-vous où elle se trouve ?，反而会显得听话人有点笨，需要你补充他才能明白。这也就是为什么标准稿在汉法转换时并没有直译，而是省略了"您知道它在哪里吗 ?"的缘故。

中文原稿：

我迷路了，我在找国定路。您知道它在哪里吗？

标准稿：

Je suis perdu, je cherche la rue Guoding.

学生稿：

Je suis perdu, je cherche la rue Guoding. Vous savez où il est ?

 【学生提问】

Je suis perdue. Je cherche la rue de Guoding. Vous savez où c'est ? 这样转换行吗？

 【教师回答】

这个建议中存在的问题如下：

1）从上下文来看，我们知道被询问的人是女士，但关于问路者，我们不知其是男是女，也不知其年龄。如果问路者是位女士的话，在 perdu 后面得加上 e: perdue。**注意**: perdu 和 perdue 的读音完全相同。法语名词或形容词（包括过去分词形容词）的阳性形式和阴性形式可能读音完全相同，但拼写不同，所以同学们在写的时候一定要辨别清楚!

我们本科一、二年级的中国学生大都还没有成家，但法国人会称我们的女同学为 madame "太太、夫人、女士"，那是因为现在法国有个趋势，即称所有成年女性为 madame，无论结婚与否。但 madame 和 mademoiselle 一样，都是尊称。

2）la rue de Guoding 应改为 la rue Guoding。只有当 rue 被具体的名词，例如地点、愿望、艺术、植物等名词修饰时，才用介词 de 引出名词，例如：rue de Nanjing、rue de Paris、rue de la Paix、rue des Arts、rue des Tilleuls、rue des Pins，而人名则不用介词 de 引出，例如：rue Gambetta、rue Claude Monet、rue Molière 等。**注意**：法国大部分的路名是由地名或人名命名的。我们在法语转换中国路名时，除了带有大城市名字的路名（例如：北京路 rue de Beijing、上海路 rue de Shanghai）或少数法国人很容易理解的（例如：世纪大道 avenue du Siècle）路名以外，其余全部使用其拼音，而且没有介词 de。

3）Vous savez où c'est ? 这句话除了是多余的（具体解释请参阅上文）以外，其中的 où c'est 也有些问题。这是一个非常口语化的表达，因为如果前面已经说过了"国定路"lla rue Guoding，那么在接下来的句子里如果需要使用代词来替代以避免重复的话，那就得使用相应的主语代词 elle，如果使用 ce，那就是不严谨的表现，属于口语。

4）主谓语没有倒装。

5）而且在 Vous savez où c'est "您知道在哪里吗"这句话里，où c'est 是关键部分，我们处理的时候就得在上面花一点工夫，不用 est，而应当使用 se trouver 予以凸显。

 【学生提问】

Je suis perdu. Je cherche la rue Guoding. Vous savez comment y aller, s'il vous plaît ? 这样翻译可以吗？

 【教师回答】

1）Vous savez comment y aller 是多余的。

2）主谓语没有倒装。

3）comment y aller "怎么去"，这是一句法国人经常说的句子。但是，因为 comment 是"怎么、如何"的意思，可以理解为"坐什么车去"，所以略有些不妥，不如直接问 où se trouve-t-elle "国定路在哪里"。当然，最好的方式是把这句话省略掉。

 【学生提问】

Je suis perdu, je cherche la rue Guoding, s'il vous plaît. 加上 **s'il vous plaît** 可以吗？

 【教师回答】

不妥，因为前面已经有了 s'il vous plaît，这里就没有必要重复了。

- -

5. 关于标准稿的解释：

1）法语惯用法规定，在指路时，说话人可以使用命令式：prenez、allez。

2）vous trouverez un restaurant chinois 中的 trouverez 是将来时，是说"您现在看不到，等

中文原稿：

知道。您走右边第二条街，然后一直走，在国定路和邯郸路街角处有家中餐馆。

到您走到那里以后，就将会看到……"。

3）"在国定路和邯郸路街角处"我们可以说 à l'angle de la rue Guoding et Handan，但是不可以说 à l'angle de la rue Guoding et de la rue Handan。因为在法国人看来，Handan 前 de la rue 是多余的，因为前面已经有了 de la rue，也不能说 à l'angle des rues Guoding et Handan，因为那就会导致别人以为有多条"国定路"。但我们可以说 au croisement des rues Guoding et Handan。**注意：**城里的交叉路口用 croisement 转换，carrefour 是指乡村公路的交叉路口。

关于学生稿的讲评：

1）je sais 在这种情况下使用，会给人非常不礼貌的感觉，是在说"我已经知道了""不用你告诉我""你很烦"。在本文场景中，用一个 oui 就足够了。

汉语的"我知道了"是一句礼貌的话，应承对方告知的信息。在法语中我们又该如何表达呢？我们可以说 je comprends、entendu、je vois、oui Madame 等，但绝对不能用 je sais。这是因为前面四个都是"舰载机"① 性质的，表示我之前不知道，现在知道了；但是 je sais 却是"航空母舰"② 性质的，意思是我一直都知道，正好衬托你告诉我这一"舰载机"性质的行为，既然我已经知道了，但你又再告诉我，所以我给你重复"我已经知道了"的意思，实质就是在批评你，这样是不礼貌的。

2）au coin de la rue Handan et de la rue Guoding 中的 coin 选词错误。coin "角落"一般都指"很小的角落"，不能用来表示"街角处、交叉路口"。

3）il y a un restaurant là 中的 un restaurant 用错了，因为在中国上海，街上餐馆很多，而且餐馆一般都比较小，为了达到集群效果，很可能是几个餐馆在一起，所以一个餐馆不能作为区别某个街角的标志，至少应当说日本餐馆、意大利餐馆或泰国餐馆什么的。当然，说中餐馆也可以，但条件是这一中餐馆必须与众不同。另外，là 选词错误，这里应当改成 là-bas。法语 là 一般很

标准稿：

Oui, prenez la deuxième rue à droite, ensuite allez tout droit et vous trouverez un restaurant chinois à l'angle de la rue Guoding et Handan.

学生稿：

Oui, je sais. Vous prenez la deuxième rue à droite, puis vous continuez tout droit jusqu'au coin de la rue Handan et de la rue Guoding, il y a un restaurant là.

———————————

①② 我们所谓"航空母舰"指的是法语中一些特定时态和词语，它们主要用于被说话人视为持续着的过程、状态或动作。这样的过程、状态或动作持续进行时，若在某一时间点发生一个事件，我们称这个事件为"舰载机"。

少单独使用，而是用在组合词里，例如：ce livre-là "那本书"；或者用在句子里做地点状语：Hier, quand tu es venu me chercher, je n'étais pas là "昨天，你来找我时，我正好不在"。表示"那里"的副词是 là-bas，而不是 là。

6. 1）学生译文 il est à deux minutes de marche 的主语代词错了，因为找的还是"国定路"，当然，如果说 C' est à deux minutes de marche 也可以，但这就把"国定路"和"餐馆"都覆盖进去了。

2）à deux minutes de marche 没有错，但是 à deux minutes à pied 更常用。因为 marche 除了"行走"以外，还有其他的语义，而 à pied 就只有一个意思。

3）标准稿加上 juste 旨在说明"步行两分钟"真的不是一段很远的距离。

中文原稿：

不远，步行大约两分钟。

标准稿：

Non, juste à deux minutes à pied.

学生稿：

Non, il est à deux minutes de marche.

 【学生提问】

Non, ce n'est pas loin, elle est à deux minutes à pied. 这样翻译可以吗？

 【教师回答】

这一句子正确，没有问题。主语、谓语、地点状语齐全，句子结构完整。相比而言标准稿口语化，更加适用于问路的情景。

 【学生提问】

Non .Ce n'est pas loin, ça fait presque 2 minutes à pied. 这样翻译可以吗？

 【教师回答】

ça 属于不太规范的口语，presque 选词不妥，应当改为 à peu près，因为：

| presque 2 minutes à pied | < 或 = | 2 minutes à pied，而 |
| à peu près 2 minutes à pied | < 或 = 或 > | 2 minutes à pied。 |

- -

7. 1）学生译文 Excusez-moi, monsieur 还不够礼貌，在之前最好还加上 bonjour 或 pardon。

2）"夏特莱广场"法语是 La place du Châtelet，

中文原稿：

对不起，先生，去夏特莱广场要从哪里走？

而不是 la place Châtelet。在日常生活中，很多法国人，尤其是法国年轻人话会说得很快，就可能会部分地"吃掉"de，这就会变成 la place d'Châtelet。

标准稿：

Pardon, Excusez-moi, Monsieur, la place du Châtelet, s'il vous plaît.

学生稿：

Excusez-moi, monsieur, la place Châtelet, s'il vous plaît.

8. 1）学生译文和标准稿的区别在于 Il est... 和 C'est...，il est 是比较书面化的表达，而 C'est... 则是比较口语化的。在本文的实用场景中，还是口语化稍好一些。

2）关于 Châtelet 的解释：Châtelet 用作地名，前面要加冠词：le Châtelet、la Place du Châtelet；如果没有冠词，那就是夏特莱地铁站。

3）关于夏特莱的简短介绍：

夏特莱广场取名于同名的一座古城堡，旧时用来卫护巴黎城北部入口。广场的西侧是夏特莱大剧院，建于 1862 年，可容 3600 人，是巴黎最大的剧院。东侧是市立大剧院，建于同时期。广场附近还有一座古老的哥特式塔楼，圣雅各塔（Tour Saint-Jacques），建于 1509—1523 年，是昔日的圣雅各教堂仅存的遗迹。

中文原稿：

从这里到那儿很方便。您只要沿着塞纳河走，就能到夏特莱。

标准稿：

C'est facile de s'y rendre d'ici. Vous n'avez qu'à longer la Seine et vous vous trouverez vite à Châtelet.

学生稿：

Il est facile de s'y rendre d'ici. Vous n'avez qu'à longer la Seine et vous vous trouverez vite au Châtelet.

广场中央的"胜利喷泉"（Fontaine de la Victoire），于 1808 年为纪念拿破仑一世的战绩而建。在喷泉中央的巨柱顶端立有一尊金色的胜利女神像，她背生双翅，手执象征胜利的月桂花环。

这里是巴黎市中心最热闹的商业区之一。广场地处巴黎中心，是多条地铁线和快线的中转点，交通极为方便，也是艺人、文人和青年人约会的好地方。

 【学生提问】

能否转换成 C'est très simple. Vous allez tout au long de la Seine et vous y arriverez？

 【教师回答】

1）这位同学的建议里的 C'est très simple 这句话说得很欠妥当，因为这句话的意思是"这很简单，你怎么连这个都不知道"，似乎在批评询问的人怎么会提出这样一个简单的问题。

2）au long de 是一个介词短语，一般后跟一件事，例如 au long de mon voyage，而不能后跟一条河、一条路。一条河、一条路是用 le long de。

 【学生提问】

Il est commode d'y aller d'ici. Vous longez la Seine pour arriver à Châtelet. 这样翻译可以吗？

 【教师回答】

1）这句话里的 commode 选词错误。如果在这里使用 commode 或 pratique，那就只能是讨论某个交通工具方便与否。

2）pour "为了"表示目的，用在此不妥。

3）只说 Châtelet，指的是夏特莱地铁站，而不是夏特莱广场。

 【学生提问】

C'est facile de s'y rendre d'ici. Il ne vous faut que marcher le long de la Seine. 这样翻译可以吗？

 【教师回答】

1）Il faut、ne que 语气太重了。

2）marcher le long de la Seine 就是 longer la Seine。longer qch "沿着……走"，可以是各种方式的"走"：longer en voiture, en avion, en vélo, à pied, en moto, en scooter 等等。

- -

9. 学生稿中的 dois-je longer la Seine 可以省略，因为上下文已经很清楚了。

中文原稿：

我沿着塞纳河朝哪个方向走呢？

标准稿：

Dans quelle direction ?

学生稿：

Dans quelle direction dois-je longer la Seine ?

【学生提问】

可以说 Quelle direction？吗？

【教师回答】

这个表达非常口语化，因为 Quelle direction 是省略句，如果要把句子完整地说出来，那就是 Quelle direction dois-je longer la Seine ? 那就缺少介词 en 了，这个介词不能省略。凡是意思正确但句法有问题的句子，通常都是在口语中才会出现。**注意**：我们在学说法语时，尤其要注意句子的完整性，即要有主语＋谓语＋不能缺少的其他成分。法语的句子越完整，就显得说话人越礼貌、越有教养。

【学生提问】

Quelle direction est-ce que je prendre en longeant la Seine ? 这样翻译可以吗？

【教师回答】

学生建议的句子存在很多语法错误：

1）在做疑问句时，est-ce que 与主谓倒装不能同时使用。用主谓语倒装来做疑问句，是比用 est-ce que 更简洁、更符合法语规范的表述方式。

2）prendre 没有变位，应改为 Quelle direction prends-je...，但最好改为 Quelle direction dois-je prendre...。

3）en longeant 副动词用错了。副动词主要有两个功能：a. 同时性，即在主动词动作展开的同时，副动词动作同时展开，而且两个动作展开的时间跨度相同；b. 副动词动作是主动词动作展开的方式。这两个功能均不适用本文场景。而且，汉语原稿"我沿着塞纳河朝哪个方向走呢？"本来就有表述问题：因为对话就在塞纳河岸边进行，所以根本没有必要再说"沿着塞纳河"，主要说"我朝哪个方向走呢？"即可，故应将 en longeant la Seine 删除。**注意**：我们在进行汉法转换时，必须注意汉语母语端可能存在的问题，否则我们的法语产出永远无法做到规范、雅致。

10. 1）学生译文中的 partez 选词错误。因为 partir 有两大基本用法：出发（专指重大出行）、离开（收拾行李再也不回来了，至少暂时不会回来）。而在本文中，只是"从这边走、从这里过去"的意思。有时法国人说 Vous partez d'ici，意思是说"你滚！"，等于 cassez-vous、va-t'en、allez-vous-en 等。

2）"巴黎古监狱"法语是 la Conciergerie。巴黎古监狱位于巴黎市中心的西岱岛上，在 10-14 世纪时曾是法国的王宫，王室将住所迁移到卢浮宫后，这里依然保留了议会功能，在 1391 年改为关押普通罪犯及政治犯的监狱。在法国大革命期间，许多人都从这里走向断头台。今天这里是一个热门景点，但目前只开放了玛丽王后被囚禁的单间供游客参观。

中文原稿：

从这里呀，小姐！您顺着塞纳河走！夏特莱就在您的右边，在巴黎古监狱对面。

标准稿：

C'est par ici, Mademoiselle ! Vous longez la Seine ! Châtelet est à votre droite, en face de la Conciergerie.

学生稿：

Vous partez d'ici, mademoiselle, vous continuez au long de la Seine. Le châtelet est à votre droite, en face de l'ancienne prison de Paris.

在一般介绍中，la Conciergerie 都会被翻译为"巴黎古监狱"。从汉语转换成法语时，如果我们不了解法国巴黎历史，那我们就会译成 ancienne prison de Paris。再说即便法国人做介绍，在给出了 la Conciergerie 以后，往往也会补充说明这是一个 ancienne prison de Paris。因此，学生译文没有问题，但如果我们能更多地了解一下巴黎历史，如果我们法语学生能知道"巴黎古监狱"就是 la Conciergerie，那我们与法国人交流就更加方便了。

 【学生提问】

Oui, c'est bien par ici, mademoiselle, vous continuez le long de la Seine. Le châtelet est à votre droite, en face de la Conciergerie. 这样翻译可以吗？

 【教师回答】

学生建议的这句话唯一的问题是：c'est bien par ici 中的 bien 是多余的。这里的 bien 是"正式"的意思，旨在强调。c'est bien par ici 意味着有一个讨论。例如，有人问：- C'est par ici ？"是从这里走吗？"我们回答：- Oui, c'est bien par ici "是的，正是从这里走"。

11. 学生这一句子完全正确。Ah！C'est vrai？后面一般也可以跟 Ce n'est pas du tout ce que je pensais。

中文原稿：

是吗？我原以为应该穿过塞纳河呢！

标准稿：

Ah bon, je croyais qu'il fallait traverser la Seine !

学生稿：

Ah, c'est vrai ? Je pensais que l'on devait traverser la Seine.

【学生提问】

C'est ça ? Je croyais qu'il fallait traverser la Seine ! 可以这样说吗？

【教师回答】

C'est ça 错了。一般来说，c'est ça "是这样的"是对他人所说的内容进行总结时才使用的表达。或者作为强调句使用：C'est ça que tu veux acheter ? 但因为 ça 的缘故，所以这个表述非常口语化。

---

12. mais non "当然不啦"用于强调回答。longer la rive 是完全成立的。学生译文的 justement 用错了，应当改为 juste。justement 和 juste 的区别如下：

justement：正好、恰好。例如：c'est justement ce qu'il ne fallait pas faire "这正好是当初不应当做的"、on parlait justement de vous "大家当时恰好在谈论你（说曹操，曹操就到）"。

juste：仅仅（刚刚够）。例如：il est minuit juste "刚到半夜十二点、正好半夜十二点"、il a trente ans tout juste "他刚到三十岁（没有超过很多）"。

中文原稿：

不，小姐，您沿着河岸走就可以了。

标准稿：

Mais non, Mademoiselle. Vous n'avez qu'à longer la rive.

学生稿：

Non, Mademoiselle, vous devez justement longer la Seine.

13. 1）学生译文是对的，但是太长了，要把 vous pourriez me dire 省略掉。标准稿 arrêt du bus 139 direction Dabaishu 是常见的组合方式，但

中文原稿：

对不起，小姐，139 路汽车往大柏树方向的车站在哪边？

更标准的说法是 arrêt du bus 139 en direction de Dabaishu。

2）关于 139 路公共汽车站的三个说法：arrêt de bus 139、arrêt bus 139 和 arrêt du bus 139。其中最后一个最符合法语语法。

3）关于 le bus 和 l'autobus 之间的区别：

- **bus**：是从英语直接借过来的，一般指城内行驶的公交车。

- **autobus**：是对英语 bus 进行了法语化处理以后的形式，可以指城内行驶的公交车，也可以指郊县或长途汽车。当然，指郊县或长途汽车最好的方法是说 autocar 或 bus de ville。

14. 关于标准稿的解释：

1）汉语的"确实"作为副词旨在对客观情况的真实性表示肯定。但在本文场景中，要回答上句"对不起，小姐，139 路汽车往大柏树方向的车站在哪边？"这个问题，就没有必要使用"确实"这一表述。

2）标准稿给出 Ah non"啊呀，不是"旨在强调 ce n'est pas le 139"不是 139 路"。虽然中文原稿"但"似乎是表达转折，但倘若我们仔细分析本文场景，则会发现此处并没有转折的必要，而是应当突出"不是"。

3）"对不起，我记错了"法语的正确表达是：excusez-moi de m'être trompée。其中，... m'être trompée 是阴性人称主语的复合过去时不定式，表示"我已经搞错了"，由介词 de 引出，表请求原谅的原因。如果转换成 Excusez-moi, je me suis trompée，则可以认为 Excusez-moi 和 je me suis trompée 分别说的是两件不同的事：excusez-moi 可以是前面所说的某件事，而 je me suis trompée 则一定是另一件还没有说出来的事情。

4）passer par + 地点 = 从某处经过，故"139 路是从那边那条街经过"。标准稿转换为 le 139 passe par cette rue-là。而 le bus 139 passe dans la

标准稿：

Pardon, excusez-moi, Mademoiselle, où se trouve l'arrêt du bus 139 direction Dabaishu, s'il vous plaît ?

学生稿：

Excusez-moi, Mademoiselle, vous pourriez me dire où se trouve l'arrêt de l'autobus 139 en direction de Dabaishu, s'il vous plaît ?

中文原稿：

确实有一个公共汽车站，但不是 139 路，而是 132 路。啊不，对不起，我记错了，139 路是从那边那条街经过；而车站在更远一点的地方，往大柏树方向的车站就在农业银行那儿。

标准稿：

Il y a un arrêt tout près d'ici. Ah non, ce n'est pas le 139, mais le 132. Oh, excusez-moi de m'être trompée, le 139 passe par cette rue-là, mais l'arrêt se trouve un peu plus loin dans cette direction. L'arrêt du bus 139 en direction de Dabaishu se trouve à côté de la Banque Agricole.

学生稿：

Il y a exactement un arrêt de bus, mais c'est pas le bus 139, mais le 132.Ah non, désolée, je me suis trompée. Le bus 139 passe dans la rue 给出的语义是"139 路在街上驶过"。

关于学生稿的讲评：

1）关于"确实"、je me suis trompée 的不妥，请参阅上文解释。

2）如果一定要转换"确实"，那应当转换为 effectivement"事实上、实际上、确实、实在、的确"，而 exactement"准确地、确切地、精确地"并不符合学生想要表达的"确实"。

3）désolée"很遗憾、很抱歉"（没有办法、只能这样），该语义相对于中文原稿（对不起、搞错了、请原谅）有点"偏"了。

4）c'est pas le bus 139 是不规范的表达，用规范的法语表达否定时一定要 ne 和 pas 都用。实际上，确实有很多法国人在表达否定时，省掉了 ne，这当然是属于不规范的法语表达。

5）dans la rue de ce côté-là 给出的语义是"那边的那条路"，令人费解。我们可以说 des deux côtés de la rue"路的两边、街两侧"，de ce côté de la rue"路的这一边"，de l'autre côté de la rue"路的另一侧"，这些表达都是围绕同一条路展开的。但 dans la rue de ce côté-là"那边的那条路"是错误的表达。

6）"而车站在更远一点的地方"中的"车站"指的就是 139 路公交车的车站，故学生译文 l'arrêt de bus 应改为 l'arrêt du（de + le）bus，其中 le bus 中的定冠词 le 确指 139 路公交车。

7）près de"靠近、临近、附近"，对于这个词所指的具体的距离，每个人都会有不同的理解，而"往大柏树方向的车站就在农业银行那儿"这一表述中的车站应当在农业银行门前或者旁边，故应改为标准稿的处理方式：L'arrêt du bus 139 en direction de Dabaishu se trouve à côté de la Banque Agricole.

rue de ce côté-là. Mais l' arrêt de bus est un peu loin d'ici. L' arrêt de bus en direction de Dabaishu est près de la banque agricole.

精简与归一法语课堂 1
第二课　买票
Leçon 2

第一部分 出游买票
Première partie Discussion à propos de l'achat de billets de train

【中文原稿】

场景一：

索菲：是你啊，桑德日娜，你好吗？好久不见。

桑德日娜：你好，索菲，我很好，你呢？

索菲：我也很好，谢谢。圣诞节要到了，你圣诞节有什么安排吗？

桑德日娜：我要去杭州玩，听说那是旅游的天堂。

索菲：的确，这个暑假我刚去过，那是个好地方。你打算怎么去？乘火车还是公共汽车？

桑德日娜：坐火车吧，听说高铁很方便。

索菲：是的，但是千万记得提前订票。圣诞节是出游高峰期，火车票会很紧张。

桑德日娜：你知道在哪里订票吗？（我们可以提前几天订票？）

索菲：不，你知道我已经在法国留学两年了，两周前刚回国，这边的变化太大了。那我陪你去吧。

桑德日娜：好啊，太感谢了。

场景二：在火车站订票处

桑德日娜：天啊！怎么会有这么多人在排队？

索菲：对啊，这是中国特色。慢慢等吧，耐心点。对了，你带身份证了吗？

【法语标准稿】

Situation 1 :

Sophie : Bonjour, Sandrine, comment vas-tu ? Cela fait longtemps que l'on ne s'est pas vu.

Sandrine : Bonjour, Sophie, je vais très bien, et toi ?

Sophie : Les fêtes de Noël arrivent. Quels sont tes projets ?

Sandrine : J'ai l'intention d'aller me promener dans Hangzhou. C'est un lieu magnifique à visiter.

Sophie : C'est vrai, j'y suis allée pendant les dernières vacances d'été. C'est vraiment un beau site. / C'est vraiment une belle ville. Quel moyen de transport comptes-tu prendre ? Le train ou l'autocar ?

Sandrine : J'aimerais prendre le train. J'ai entendu dire que le TGV était très pratique.

Sophie : Tu as raison mais il ne faut pas oublier de réserver sa place/les places deux jours à l'avance. En effet, beaucoup décident de faire du tourisme pendant les vacances de Noël. Il sera difficile d'avoir des places. /En effet, il y a beaucoup de voyageurs pendant les vacances de Noël. Il sera difficile d'avoir des places.

Sandrine : Est-ce que tu sais où je peux réserver ? / Sais-tu où je peux réserver ? / Où puis-je réserver ?

Sophie : J'ai fait mes études pendant deux ans en France. Je suis rentrée en Chine il y a deux semaines. Le pays a beaucoup changé. Je pourrai y aller avec toi.

Sandrine : C'est parfait alors, merci beaucoup.

Situation II : Au guichet de réservation à la gare

Sandrine : Que de monde ! / Quelle foule !

Sophie : Effectivement. C'est une particularité chinoise. Attendons avec patience. À propos, as-tu ta carte d'identité sur toi ?

教师解释：

1. Bonjour, comment vas-tu ? 是必须的，日常生活场景是真正的日常生活，每一次遇到某人，法语一定得从问好（bonjour、bonsoir）开始。"是你啊"属于中式问好方式，中国人有自己打招呼的方法，但是与法国人交往时，就得遵守法国人问好的习惯了。我们千万不能直译，所谓的"直译"就是错误地（但自己还以为是正确地）理解了有关词语的语义，或者一味刻板使用词典给出的意思，却不知这样"直译"成法语，就可能导致法国人不明白，或给人没有礼貌的感觉，我们一定要十分注意。

中文原稿：

是你啊，桑德日娜，好久不见。

标准稿：

Bonjour, Sandrine, comment vas-tu ? Cela fait longtemps que l'on ne s'est pas vu.

学生稿：

Ah, c'est toi, Sandrine, ça fait longtemps qu'on ne s'est vu.

标准稿并没有直译"是你啊"。如要表示吃惊，法国人通常说 tiens"瞧、啊、嗬"，然后说对方人名，再说 bonjour：Tiens, Sandrine, bonjour。当然我们也可以用语调来表示惊讶。在法国人交流的实际情景中，倘若是很久没见面的两人偶遇，对话的双方通常会寒暄几句，互相询问近况，而本文中文原稿却是让这两位女士马上询问她们圣诞节的打算，所以标准稿就只能省略了"是你啊"：Bonjour, Sandrine, comment vas-tu ?

学生稿ça fait longtemps que…的造句成立,法国人日常生活中也经常这样表达。但 Cela fait longtemps que…更为规范。实际上 ça 是 cela 的日常口语形式,同学们若想"以不变应万变",以规范法语应对各种情景的法语交流,那就得使用标准稿的表达:Cela fait longtemps que l'on ne s'est pas vu。同理, ça fait longtemps qu'on ne s'est pas vu 中的 qu'on 语法没错,但属于口语化表达方式,而规范法语则是 …que l'on…。

2. 同学们请注意法国人的习惯做法:在打招呼时,无论是先打招呼者还是回应者,每次都得走完"礼仪程序":即 Bonjour(或 bonsoir)+ 对方姓名(或称号)+ comment vas-tu?(Comment allez-vous 或 Et vous 或 Et toi)+ 其他句子。

学生稿 Ça va, merci 从语法上看,没有错。但是 Ça va "行"显得有些冷淡,而且因为 ça 属于口语化表达,所以,最好改为规范表达:je vais très bien。

Noël "圣诞节"前面不需要冠词,le 是多余的。
我们也可以说 la fête de Noël 或 les fêtes de Noël。
votre projet 应改为 ton projet,因为两人是以 tu 相称的。而且 ton projet 是单数,给出的潜台词是"只有一个项目、只做一件事",而实际上,圣诞节期间,我们通常可以做几件事,所以得改成 tes projets。

中文原稿:

我很好,谢谢。圣诞节要到了,你圣诞节有什么安排吗?

标准稿:

Bonjour, Sophie, je vais très bien, et toi ? Les fêtes de Noël arrivent. Quels sont tes projets ?

学生稿:

Ça va, merci. Le Noël arrive. Quel est votre projet ?

 【学生提问】

Noël、la fête de Noël 和 les fêtes de Noël 都是"圣诞节",有何区别?

 【教师回答】

Noël 指基督的生日,西方人每年都要庆祝的 12 月 25 日这一天,la fête de Noël 是指节日那一天或者庆祝基督诞生的节日活动,而 les fêtes de Noël 是说这一天活动不止一个,而是数个。同理,中国的春节既可以转换为 la fête du printemps,也可以转换为 les fêtes du printemps。

【学生提问】

"圣诞节要到了"能否转换成 les fêtes de Noël s'approchent ？

 【教师回答】

不可以，首先是因为自反动词 s'approcher "靠近"的主语只能是具象的物体或人物，而日期或节日只能使用不及物动词 approcher。而且，les fêtes de Noël 最好改成 la fête de Noël，因为前者表示节日里的多个活动，而 la fête de Noël 则可以指圣诞节那一天、圣诞节那个日子。

- -

3. Il est considéré comme le paradis pour les voyageurs 这句话存在着四个问题：

中文原稿：

我要去杭州玩，听说那是旅游的天堂。

标准稿：

J'ai l'intention d'aller me promener dans Hangzhou. C'est un lieu manifique à visiter.

学生稿：

J'ai l'intention d'aller me promener dans Hangzhou. Il est considéré comme le paradis pour les voyageurs.

1）如果尽量维持学生的译文，那么首先得改成 Il est considéré comme paradis pour les voyageurs，因为 considérer comme 后面的名词并不需要冠词。如果留着冠词 le 的话，那就一定是上面已经提及过的，或者一定是全世界只有这一个对旅行者来说是天堂的地方。

2）如果尽量维持学生的译文，那么也得将介词 pour 改成 par：Il est considéré comme paradis par les voyageurs，因为介词 pour 的用法太多，法国人首先会想到其"为、为了"的语义，considéré "视为"的实际主语又是谁呢？但如果改成 par，那 voyageurs "游客"就变成了动词被动态 considéré "视为"的施动者了。而且中文句子只是要求我们汉法转换"那是旅游的天堂"，voyageurs "游客"是可有可无的，倘若我们想让自己的法语产出更为流畅，则不应当添加可有可无的东西。

3）如果尽量维持学生的译文，那么也得将名词 voyageurs 改成 touristes 或 visiteurs，因为 voyageurs 是"旅行者、旅客、乘客、游历者、旅行家、观光者"，是指"那些到比较远的地方去的人"，所以用在此地不太合适，而 touristes "游客、来玩的人"或 visiteurs "参观者、来玩的人、游客"，就比较妥当了。

4）"杭州被视为旅游天堂"，中文这句话的意思是"杭州是旅游天堂"，但倘若转换成法语的 Il est considéré comme paradis par les touristes，那"杭州就可能不是旅游天堂了"。在法语中 qch est considéré comme qch "被视为"，我们可以理解为"其实不是这样的",但中文句子的意思说,杭州确实很漂亮、很舒服,服务也很好,是旅游的天堂。当然,如果我们说成 J'ai l'intention d'aller me promener dans Hangzhou. On dit que cette ville est un paradis pour les visiteurs. 那就更漂亮、更接近中文句子的原意了。

 【学生提问】

C'est un lieu manifique à visiter 能否替换成 C'est un lieu manifique pour les visites ?

 【教师回答】

法语受众可以猜得出学生这句话要表达的意思,但有些费劲:因为介词 pour "为了"主要是用来表达目的。那么,pour les visites 就可以理解为"为参观访问",而 C'est un lieu manifique pour les visites 就会让对方认为是"参观访问走累了可以去休息一下的漂亮地方,例如某个饭店、酒吧之类的"。而且,如果一定要在此使用 visite,也应当是单数 la visite,因为单数可以表示概念、动作,而复数则表现不同的几次参观访问。所以,同学们应当采用标准稿 C'est un lieu manifique à visiter "那是一个应当去看看的绝佳景点"。

注意:法语的 visiter 中文经常翻译成"参观、访问、游览",但这两者之间存在着很大的区别:法语我们可以说 J'ai visité un musée hier matin. "我昨天参观了一家博物馆"、J'ai visité l'Italie en autobus pendant une semaine "我坐大巴参观 / 游览意大利一个星期",从以上这两个例句中我们看到 visiter 后跟宾语所指代的地方可小可大,"小"可以指那些我们能全部仔细看完的博物馆,"大"可以是很大的、我们不可能面面俱到仔细去看完的某个国家。而我们汉语的"参观"可以用于前者,后一个法语语义可以转化成中文的"旅游、玩"等词语。

---

4. 学生译文的 pendant ces vacances d'été 应该改成 pendant les vacances,或最好改成 pendant les dernières vacances d'été。因为 ces 是指示形容词,用于强调,而在本句中,强调的应当是"去过",而不应当是"这个暑假"。如果强调了"这个暑假",那就会误导受众去讨论"是哪个暑假去的"了。所以我们可以改成 pendant les vacances。但是 pendant les vacances 可以指"过去的暑假",也可以指"接下来的暑假",这就需要用动词

中文原稿:

的确,这个暑假我刚去过,那是个好地方。

标准稿:

C'est vrai, j'y suis allée pendant les dernières vacances d'été. C'est vraiment un beau site. / C'est vraiment une belle ville.

的时态来进一步澄清了。为了让听者没有疑惑，我们加上 dernières 就没有问题了：j'y suis allée pendant les dernières vacances d'été。

学生译文的 C'est vraiment un site touristique parfait 没有错，但 parfait "完美无缺的、无懈可击的" 语义过重了。汉语 "那是个好地方" 主要是说 "那是一个美丽的地方"，并且还有其他的一些优点，法语转换成 C'est vraiment un beau site 就足够了。当然 C'est vraiment une belle ville 也可以。

学生稿：
C'est vrai, j'y suis allée pendant ces vacances d'été. C'est vraiment un site touristique parfait.

5. autobus "公共汽车、公交车"，主要是短程的，行驶在城内的或郊区内。从上海去杭州有两百公里，应当使用 autocar "大巴" 或 bus de ville "长途车"。

学生译文的人称 vous 不对，应该用 tu comptes。Est-ce que... 没有错，但没必要，太长、太繁琐了，倒不如直接主谓倒装来得简练。

中文原稿：
你打算怎么去？乘火车还是公共汽车？

标准稿：
Quel moyen de transport comptes-tu prendre ? Le train ou l'autocar ?

学生稿：
Quel moyen de transport est-ce que vous comptez prendre ? Le train ou l'autobus ?

6. 学生译文 J'ai entendu dire que le train rapide est très pratique 有两个问题：
1）动车不能转换成 train rapide，因为以前的火车类别里，train rapide 就是 "快车"，而 "高铁" 可译为 TGV，法国 TGV 的全称是 train à grande vitesse，即 "高速火车" 的意思。
2）现在也有一些法国人说 J'ai entendu dire que le train rapide est très pratique，但是追求法语规范的人认为最好还是应当说成 J'ai entendu dire que le train rapide était très pratique。一方面是因为，法语语法规定，从句的时态应当与主句相一致，因为主句是过去时，所以从句也应该用未完成过去时；更重要的是，因为 dire 后面的东西一定是 dire 这个动作带出来的结果，而 dire 作为过去的一个动作，它的产物也是一个过去的东西，所以应该用过去时。

中文原稿：
坐火车吧，听说高铁很方便。

标准稿：
J'aimerais prendre le train. J'ai entendu dire que le TGV était très pratique.

学生稿：
J'aimerais prendre le train. J'ai entendu dire que le train rapide est très pratique.

7. 如果学生译文…n'oublie pas qu'il faut réserver une place à l'avance 这句话是成立的，那就只"预订一个座位的票"了。但是，显然，文中的对话者很可能不是一个人单独前往的。我们也不能用 les 替代，因为第一，前面没有可以被 les 代替的名词；第二，也不能是所有的火车票；第三，如果该对话者一人单独前往怎么办？我们也不能使用 des，因为 des "一些"只是说全部之中的部分，那剩余的怎么办？我们可以说 …il ne faut oublier de réserver sa place à l'avance 这里的 sa 是无人称所有形容词，和 il faut 相对应。当然，最好的方式是 n'oublie pas qu'il faut réserver à l'avance 去掉"火车票"，就避免使用冠词了。虽然 réserver 后面没有宾语，但根据上下文，受众都知道是在说订车票的事。**注意**：在和法国人交流时，我们应当注意中国的国情，遇到春节或国庆节长假，出游的人很多，有时得提前好几天订票，我们应当加上具体的天数或说"尽可能早一点"之类的补充：n'oublie pas qu'il faut réserver une semaine à l'avance、n'oublie pas qu'il faut réserver suffisamment à l'avance。

中文原稿：

是的，但是千万记得提前订票。

标准稿：

Tu as raison mais il ne faut pas oublier de réserver sa place / les places deux jours à l'avance.

学生稿：

Tu as raison mais n'oublie pas qu'il faut réserver une place à l'avance.

8. 学生稿要做的修改如下：

1）"nombreux de + 名词"这一组合在法语中是不存在的，得改成 de nombreux + 名词，或者 un grand nombre de + 名词，或 nombre de + 名词。

2）在 gens 前面我们可以使用数量副词，可以说 beaucoup de gens 或 peu de gens，但不说 de nombreux gens，因为 gens 是一个群体，一般对其中的人不作区分，但 nombreux 作为形容词对 gens 进行修饰，似乎想说明"不同的人构成了很多"。beaucoup de monde 更好，因为 monde "大家"覆盖的范围比 gens 更广。gens 在过去主要是指"有身份的人"。我们也不能说 beaucoup de personnes，因为 personne 通常强调的是个体。最好的方法还是说 nombreux sont ceux qui…

3）如果在 gens 的前面出现形容词，则该形容词用阴性复数形式。所以，即便要使用 nombreux，

中文原稿：

圣诞节是出游高峰期，火车票会很紧张。

标准稿：

En effet, il y a beaucoup de voyageurs pendant les vacances de Noël. Il sera difficile d'avoir des places. / En effet, beaucoup décident de faire du tourisme pendant les vacances de Noël. Il sera difficile d'avoir des places.

学生稿：

Nombreux de gens choisissent de visiter pendant les vacances de Noël. Il est difficile d'avoir des places.

也得用阴性 nombreuses。

4）choisissent 只是选择的过程，决定可能还没有做出，所以应该用 décident，表示已经做出决定了。

5）根据法语行文逻辑来看，"圣诞节是出游高峰期，火车票会很紧张"是"千万记得提前订票"的原因。当上下两句话之间存在因果或果因关系，如果没有其他词语说明，那在两者之间就需加上 en effet（MOD. s'emploie pour confirmer ce qui est dit, introduire un argument, une explication. Syn. assurément, effectivement < 现代用法 >：用于确认前面所说，引入说明理由、解释；同义词：的确、确实如此。[①] ）。**注意：**我们可以俗称 en effet 为"法语的高级浆糊"，因为该词组既可以用于说明前后句的因果关系，也可用于明晰前后句的果因关系。在法汉转换时，同学们可以将之忽略不计、不做翻译，而在汉法转换时，却要注意添加，以符合法语的行文逻辑习惯。

【学生提问】

为什么 En effet, il y a beaucoup de voyageurs pendant les vacances de Noël. Il sera difficile d'avoir des places. 中的两个谓语动词前一个为现在时，而后一个却为将来时？

【教师回答】

前一个谓语动词为现在时旨在说明"每年到了圣诞节都是这样"，而后一个谓语动词为将来时是因为"到了你去买票时，将会出现这一情况"。

- -

9. 法语没有 prendre la réservation 这一说法。"订票"只要说 réserver 就可以了。现在 21 世纪，打电话、网上订票是很普遍的常识了，学生译文直接问 Combien de jours puis-je réserver à l'avance ？"我们应当提前几天订票？"处理得很好。

中文原稿：

你知道在哪里订票吗？（我们可以提前几天订票？）

标准稿：

Est-ce que tu sais où je peux réserver ？/ Sais-tu où je peux réserver ？/ Où puis-je réserver ？

学生稿：

Est-ce que tu sais où je peux prendre la réservation ？ Combien de jours puis-je réserver à l'avance ？

---

① *Le Nouveau Petit Robert,* Paris: Le Robert, 2009.

10. 学生稿与标准稿一样，处理得很好：将"这边的变化太大了"转化成"国家变化大了"。

中文原稿：

不，你知道我已经在法国留学两年了，两周前刚回国，这边的变化太大了。

标准稿：

J'ai fait mes études pendant deux ans en France. Je suis rentrée en Chine il y a deux semaines. Le pays a beaucoup changé.

学生稿：

J'ai fait mes études pendant deux ans en France. Je suis rentrée en Chine il y a deux semaines. Le pays a beaucoup changé.

11. 学生这一翻译很好：这里用将来时能把汉语原文的"吧"包含的"请别人接受自己的计划打算"的语义翻译出来。用条件式，就是虚拟的语气，虚拟语气用在当我们请别人帮助、麻烦别人的时候，倘若是自己自愿提出帮助别人，那用将来时。

中文原稿：

那我陪你去吧。

标准稿：

Je pourrai y aller avec toi.

学生稿：

Je pourrai y aller avec toi.

12. C'est parfait alors 表示很惊喜。

中文原稿：

好啊，太感谢了。

标准稿：

C'est parfait alors, merci beaucoup.

学生稿：

C'est très bien, merci beaucoup.

13. 学生稿完全正确。标准稿多给出了一些可能。

中文原稿：

天啊！怎么会有这么多人在排队？

标准稿：

Que de monde ! /Quelle foule !

学生稿：

Oh là là, quelle longue file d'attente.

14. 学生译文 cela caractère chinois 错误很多：
1）这个句子没有谓语；
2）caractère chinois 是名词短语，需要由冠词引出；
3）caractère 选词错误，因为 caractère 只是指人或物具有引人注意的特征、特点，聚焦"能引起别人注意"的语义。所以应当改为 particularité，particularité 旨在讨论"区别于他人或他物的特性"。
4）中文句子中的"对啊"旨在强调，我们在进行汉法转换时可以用 exactement 或者 mais oui 来加强语气。

中文原稿：
对啊，这是中国特色。

标准稿：
Effectivement. C'est une particularité chinoise.

学生稿：
Mais oui, cela caractère chinois.

15. 学生稿使用了第二人称单数命令式，句子语法没有错，但给出的意思错了，因为 Attends "等着"（第二人称单数命令式）是让听话人等着，而说话人却要走了。应当使用第一人称复数的命令式，表示两人一起等待。我们也可以说 Soyons patients 或 Un peu de patience quand même.

中文原稿：
慢慢等吧，耐心点。

标准稿：
Attendons avec patience.

学生稿：
Attends avec patience.

16. 中文句子"对了"是突然想起来的意思，法语说 à propos。学生译文的定冠词 la 不妥，定冠词用于上文已提及的事物，但上文并没有提及过任何一张身份证，所以，应当改为 ta。

中文原稿：
对了，你带身份证了吗？

标准稿：
À propos, as-tu ta carte d'identité sur toi ?

学生稿：
Alors, tu as la carte d'identité sur toi ?

第二部分　买火车票
Deuxième partie　Acheter des billets de train

【中文原稿】

在火车站

A：您好，女士。

B：您好，您需要什么帮助吗？

A：我刚来中国不久，对中国的交通还不是很了解。我想去杭州旅游。

B：您买票了吗？

A：还没有。我应该到哪里订票？

B：您知道现在我们有电子售票系统，可以在自动售票机买票。

A：自动售票机是不是很麻烦？

B：不，事实上比起去窗口买票，用自动售票机买票更方便。不需要排队，您只要用身份证和钱就可以买票。

A：太好了。自动售票机在哪里？

B：我陪您去吧。

A：谢谢。您真好。

在自动售票机前

A：下一班火车要两小时后到，这里有可以让我打发时间的地方吗？

B：这里有商店、饭店、咖啡馆和网吧。

A：好的，谢谢。

B：不用谢。旅途愉快！

【法语标准稿】

À la gare

A : Bonjour, Madame.

B : Bonjour, est-ce que vous avez besoin d'aide ?

A : Je viens juste d'arriver en Chine et je ne connais pas bien ce pays. J'ai l'intention de visiter Hangzhou.

B : Avez-vous réservé votre place ?

A : Non, pas encore. Où est-ce que je peux acheter mon billet ?

B : Vous savez que la gare est équipée de distributeurs de billets. Vous pouvez aller là-bas pour en acheter.

A : Est-il difficile d'utiliser le distributeur ?

B : C'est plus pratique que d'aller acheter son billet au guichet. Ce n'est pas nécessaire de faire la queue. Votre pièce d'identité et de l'argent suffisent.

A : C'est parfait. Où puis-je trouver les/des/un distributeur(s) ?

B : Je peux vous y conduire/accompagner/amener.

A : Merci beaucoup. C'est très gentil à vous.

Devant un distributeur

A : Le prochain train arrivera dans deux heures. Où puis-je me reposer ?

B : Et bien, il y a un grand centre commercial. Vous pouvez y trouver un café, un restaurant et un cyber-café.

A : Très bien. Merci beaucoup.

B : Je vous en prie. Bon voyage !

教师解释：

1. 1）学生译文 Je viens juste en Chine "我正好来中国" 意思不明确。很明显，学生译文漏说了 d'arriver。

2）transport 是由 trans + port 组合而成（trans "变换、转换"，port "携带、运"），其第一个语义是 "搬运、运送" 某样东西或某个人。"交通、运输" 是其引申义，而且必须使用复数，因为 "交通运输" 肯定是多次的，单数就进入了第一个语义的范畴了。

3）le(s) transport(s) chinois "中国交通"，对母语是汉语的人来说，理解没有问题，法国人可以猜出来这个表述的意思，但会认为它不明确。学生译文所使用的 chinois 是形容词，形容词一般都表示事物的性质和方式，那么 le(s) transport(s) chinois 可以理解为 "中国式的交通"。在本文场景中，"中国" 是一个地域概念，"中国交通" 是指代 "在中国所能见到的、所有的交通"。所以学生译文不妥。

4）méconnais ← méconnaître "看轻、不赏识、低估"（Ne pas comprendre, ne pas voir les qualités de, ne pas apprécier à sa juste valeur "不理解、不看其优点、

中文原稿：

我刚来中国不久，对中国的交通还不是很了解。

标准稿：

Je viens juste d'arriver en Chine et je ne connais pas bien ce pays.

学生稿：

Je viens juste en Chine, je méconnais le transport chinois.

不赞赏其真实的价值"）① 的主轴语义 ② 是"有意不做客观了解"，而本文场景"对中国的交通还不是很了解"不讨论意图，而是说"不了解"的结果或现状。故学生译文 méconnaître 用在此处不妥。

5）je méconnais (ne connais pas bien) le(s) transport(s) chinois "对中国的交通还不是很了解"。如果我们有意曲解的话，可以认为这个"我"可能"很了解中国的其他方面"，所以，应该如标准稿中那样，"对这个国度还不是很了解"，更为妥帖，也包括交通了。

2. 1）在 J'ai l'intention 和 voyager 之间缺少介词 de。

2）voyager "旅行"只有"旅"没有"游"，是说从某一点到另一点的长途旅行。而 Hangzhou "杭州"只是一个城市，我们无法在这个城市中从一点到另一点长途旅行所以 voyager à Hangzhou 是一个不正确的说法。

中文原稿：

我想去杭州旅游。

标准稿：

J'ai l'intention de visiter Hangzhou.

学生稿：

J'ai l'intention voyager à Hangzhou.

 【学生提问】

J'ai l'intention de visiter à Hangzhou. 这样翻译可以吗？

 【教师回答】

不妥，首先是因为 visiter 是及物动词，而及物动词必须后跟宾语；其次，visiter 有多个语义，其中确实有"旅游、参观"的语义：Parcourir (un lieu) en examinant "在（某地）行走并仔细观察"→ voir, explorer "看、勘探"：visiter un pays inconnu "在一个陌生的国家旅游", visiter la Grèce "在希腊游览", visiter un musée "参观博物馆", visiter une ville en trois jours "三天逛完一座城市", Je lui fis visiter notre maison "我带着他参观了我们房子"。③但法语 visiter 可以后跟指代大区域，甚至国家的名词，例如 une ville "城市"、un pays inconnu "陌生国家"、la Grèce "希腊"，也可以后跟 visiter 实施者目光能覆盖的地方，例如 un musée "博物馆"、maison "房子"。实际上，无论 visiter 实施者看得完或看不完，无论 visiter 实施者的目光能否覆盖，只

---

① 《拉鲁斯法汉词典》，北京：商务印书馆，2014。

② 主轴语义：词典中就一个单词给出多个不同的语义，这些看似纷繁各异的语义其实有共同点，或者说有共同的意义趋向，我们称这个共同点为"主轴语义"。分析词典中就一个单词给出的不同语义，并从中分析出主轴语义，在我们看来对掌握好一门外语至关重要。

③ *Le Nouveau Petit Robert,* Paris: Le Robert, 2009.

要是去某个地方看看，都可以用 visiter 并直接后跟所看的地方名词。当然，在汉法转换时，我们得尊重汉语受众的接受习惯。

----

3. "买票"这一表达在汉语中很自然，用法语我们也可以说 acheter un(des) billet(s)，我们也可以说 prendre un(des) billet(s)。但是，随着社会的进步，包括法国、中国在内很多国家，人们坐飞机坐火车已经不需要提前去买票了，而是直接订票，凭证件就可以上车、上飞机了。所以法国人也说 Avez-vous réservé...？在法国，人们持票上火车之前，先得在站台上的机器上进行检票（composter），因此我们经常会听到 Avez-vous composté votre billet？"您检票了吗？"这样的询问。

中文原稿：

您买票了吗?

标准稿：

Avez-vous réservé votre place ?

学生稿：

Avez-vous pris votre billet ?

4. 这两句话都可以。

中文原稿：

还没有。我应该到哪里订票?

标准稿：

Non, pas encore. Où est-ce que je peux acheter mon billet ?

学生稿：

Non, pas encore. Où est-ce que je peux réserver mon billet ?

5. 1）学生稿的 offre(offrir) "赠送、贡献、提供"用错了，offrir 是"用礼貌的方式送给别人"。"提供"，我们可以用 fournir 来转换。
2）services électroniques 译成汉语"电子服务"没有问题，但是这一法语表达的问题很大：我们可以说 dictionnaire électronique "电子词典"、jeux électroniques "电子游戏"，électronique "电子"一般修饰某个设备、某架机器。但"服务"包括人、过程，很难用 électronique 修饰。我们可以说 e-commerce "电子商务"，但是没有"电子服务"的说法。实际上"电子售票系统"就

中文原稿：

您知道现在我们有电子售票系统，可以在自动售票机买票。

标准稿：

Vous savez que la gare est équipée de distributeurs de billets. Vous pouvez aller là-bas pour en acheter.

学生稿：

Vous savez que maintenant on offre des services électroniques. Vous

是 disributeur de billets。disributeur 有很多意思：自动售票机、自动提款机、自动售货机、家里的净水器等等。

3）guichet automatique"自动窗口"也是错误的说法，至少也应当说成"自动售票窗口"。但是既然是自动售票，那还要窗口干什么。

4）vous pouvez en acheter un"你可以买一张票"，那么买两张或两张以上就不行了。

5）au guichet = à + le guichet，那就只有一架自动售票设备了。

pouvez en acheter un au guichet automatique.

6. distributeur 是一架机器，Est-ce que le distributeur est un peu compliqué 是在问"自动售票机的内部结构是否有点复杂？"问这话的人一定是维修设备的人或是准备去偷钱了。恰当的问法是"使用是否麻烦？"：
- L'opération est-elle compliquéé ?
- Est-il difficile d'utiliser le distributeur ?
- Est-ce compliqué ?

中文原稿：

自动售票机是不是很麻烦？

标准稿：

Est-il difficile d'utiliser le distributeur ?

学生稿：

Est-ce que le distributeur est un peu compliqué ?

7. 1）学生稿的 en effet 用错了，因为 en effet 后面的句子必须是前一句话的原因或结果，而本文场景的这句中文句子却说的是"看上去复杂，但实际上真的用起来更方便"，强调我们以为的和事实不一样。鉴于 en effet 后面既可以跟原因也可以跟结果，所以我们戏称为"高级浆糊"。

2）facile 应当改为 pratique。facile"容易的、简单的、便当的、易懂的、随和的、顺从的、和气的、不费力的"强调简单、容易，而 pratique"便利的、方便的、使用方便的"强调使用方便。

3）c'est plus facile à utiliser le distributeur... 得改成 c'est plus pratique d'utiliser le distributeur...，因为如果动词不定式 utiliser 后面还有宾语 le distributeur，那 utiliser le distributeur 就是实际主语，而前面的 c'(ce + est) 就是形式主语，法语语法规定，实际主语必须用介词引出。如果动词不定式 utiliser 是用介词 à 引出的，而后面又没有宾语，那前面的 c'(ce + est) 就是实际主语，替代了 le distributeur，就成了被动态。

中文原稿：

不，事实上比起去窗口买票，用自动售票机买票更方便。

标准稿：

C'est plus pratique que d'aller acheter son billet au guichet.

学生稿：

Non. En effet, c'est plus facile à utiliser le distributeur qu'aller au guichet.

4）比较两个动词不定式时，第二个动词不定式需要用介词 de 引出，例如：
C'est plus pratique que d'aller acheter au guichet。学生稿漏了"买票"。

【学生提问】

可以说 C'est plus pratique que d'aller acheter au guichet 吗，也就是说，
acheter 后面可以不跟宾语吗？

【教师回答】

不可以，因为 acheter 是及物动词，必须后跟宾语：C'est plus pratique que
d'aller acheter son billet au guichet。

【学生提问】

为什么 acheter 后跟的是 son billet，而不是 un billet 或 le billet？

【教师回答】

如果 acheter 后跟 un billet，给出的潜台词是"买一张票是这样，如果买几张
票就不是这样了"；如果 acheter 后跟 le billet，鉴于前面没有提及过票，法
语受众会因为不知道为什么使用定冠词而感到困惑；如果 acheter 后跟 des
billets，那给出的潜台词是"买几张票是这样，如果买一张票或所有的票就
不是这样了"；如果 acheter 后跟 les billets，法语受众会纳闷为什么要把所
有的票都买下来？而在此使用第三人称主有形容词 son，是说"每个人来买
票都是这一情况"。

- -

8. 1）obligatoire "义务的、强制的、必须遵守的、必然的、不可避免的"，是指法律、道德、契约所规定的义务，我们必须遵守执行。本文场景是讨论需要不需要排队，obligatoire 用在这里，语意太重了。obligatoire 是从 obligation 派生而来。汉语的"义务"有如下语义：公民或法人按法律应尽的责任、道德上应尽的责任，不要报酬。但在日常生活中，我们经常会说"义务劳动""义务演出"等，这些表达是说"不取报酬"，这类表达中的定语"义务"，不能用 obligatoire 进行转换。法语的 obligatoire(obligation) 是必须要

中文原稿：

不需要排队，您只要用身份证和钱就可以买票。

标准稿：

Ce n'est pas nécessaire de faire la
queue. Votre pièce d'identité et de
l'argent suffisent.

学生稿：

Ce n'est pas obligatoire de faire la
queue. Vous pouvez acheter les

去做的。同学们，为了正确表达obligation作为"法律、道德、契约所规定的"义务，我们可以译成"应尽义务"，那就没有问题了。

小知识：obligation也有"债据、债券"的语义，这一用法产生于法国的中世纪。当时法国社会发展了，出现了富裕的市民，而法国贵族的生活变得拮据了，于是他们就强迫富裕的市民们借钱给他们，这就出现了obligation，当然这些法国贵族到了规定的期限、按规定的利率还是得还本付息的。

2）Vous pouvez acheter les billets 中的复数定冠词les用错了。定冠词的使用必须符合以下两个条件中的一个：一个是前面提到过的，另一个是覆盖世界上全部的。显然在本文场景"不需要排队您只要用身份证和钱就可以买票"中的billets并不符合以上两个条件。但同学们是否能用其他的冠词来替代呢？都不合适。试比较：

（因为billet是阳性名词，而且是可数的，所以只能取un、le、des、les）

- Vous pouvez acheter les billets：请参阅上文解释。
- Vous pouvez acheter le billet：请参阅上文解释。与上句不同之处只是单复数的区别。
- Vous pouvez acheter un billet："您能买一张票"，两张或两张以上就不行了。
- Vous pouvez acheter des billets："您能买一些票"，那其他的怎么办？

同学们，当全部冠词都不适用的话，那就意味着要换词或换句子了，正所谓"帽子不合适，那就得换人了"。

3）学生译文 Vous pouvez acheter les billets avec votre carte d'identité et de l'argent 译成汉语，就是"你可以带着（使用）身份证和钱买票"，但是是否能用其他东西购票呢？学生稿没有做说明。但中文句子"你只要用身份证和钱就可以买票"的关键成分是"只要""使用身份证和钱""就可以买票"，其中"只要……就"表示充足的条件，即"多方便啊"这一表达说话人态度的感叹是这句话的关键。同学们，在我们进行翻译时，原文的语气是一定要翻译出来的，在汉法转换中，如果我们拿不准，那就采用"平叙"的方法予以表现，所谓"平叙"就是把语气转换成词语，"只要"转换成"就够了"（suffir）。

9. 1）C'est parfait alors 中的 alors 可以省略，首先是因为 C'est parfait "太好了"已经足够了，alors 是多此一举。其次是因为 alors 虽然有很多语义（作为感叹词有"什么？、怎么！呀！唉呀！嚯！天哪！"的语义），但所有这些不同的语义都建

---

billets avec votre carte d'identité et de l'argent.

中文原稿：

太好了。自动售票机在哪里？

标准稿：

C'est parfait. Où puis-je trouver les/des/un distributeur(s) ?

立在"惊奇"之上。而在本文场景中，没有惊奇。
2）Où se trouve le distributeur... 单数，说明只有一台自动售票机，而且是前面已经提到过的那台，显然不符合本文场景要求，错了。如果我们采用标准稿的处理方式，用 trouver 作谓语，那后面可选择的余地就大了。

学生稿：

C'est parfait alors. Où se trouve le distributeur s'il vous plaît ?

10. 1）学生译文 Je vous accompagne 使用的时态是现在时，可以解释为"现在正在发生"，而本文场景说的是"说话人提出可以陪对方去"，"陪"这个动作还没有发生。所以得加上能愿动词 peux(pouvoir)。**注意：**汉语的"吧"在法语中没有绝对对应的词，我们可以采用添加能愿动词或使用条件式等方法处理。
2）Je vous accompagne 可以理解，但是缺少地点状语，受众无法知道"在哪里陪"。如果加上能愿动词，再添加上 y 就没有问题了：Je peux vous y accompagner. 或者 Je peux vous y conduire. Je peux vous y amener. 一般情况下，amener 的宾语都是小孩等自己无法前去而需要别人陪或送的人。

中文原稿：

我陪你去吧。

标准稿：

Je peux vous y conduire / accompagner / amener.

学生稿：

Je vous accompagne.

11. 学生稿中 devant le distributeur 单数，说明整个火车站只有一台自动售票机。

中文原稿：

在自动售票机前

标准稿：

Devant un distributeur

学生稿：

Devant le distributeur

12. 1）Le prochain train va arriver dans deux heures. 这句话在法语里没有问题，"下一班火车两个小时后到，马上到"。这句话译成汉语有点拗口，但是法语没有问题，虽然"两个小时"是明确时间点，而且可以是一个比较长的时间段，但我们可以将它视为马上就要发生的事，用最近将来时，凸显说话人的焦急。然而，在本文场景中，这一旨在表示说话人焦急心情的最近将来时是不需要的，因为本文场景中，说话人认为"两个

中文原稿：

下一班火车要两小时后到，这里有可以让我打发时间的地方吗？

标准稿：

Le prochain train arrivera dans deux heures. Où puis-je me reposer ?

学生稿：

Le prochain train va arriver dans

小时"的时间太长了，"需要打发"。所以要将最近将来时改为一般将来时：Le prochain train arrivera dans deux heures.

2）Où puis-je aller en attendant le train ? 中的 aller "去"缺少补充说明。缺少说明，受众就无法知道你要干什么。

3）Où puis-je aller en attendant le train ? 中的 en attendant le train 错得很厉害。En + 动词现在分词 = 副动词，副动词是动词变化的一种形式，叙述伴随着主动词动作一起发生的动作，用作状语。那么，如果学生的这一翻译成立的话，那就是"我一边去，一边等"，"等到我不移动了，那我也就不等了"。法语有数种表达方式：

- Où puis-je attendre ?
- Où puis-je manger un morceau ?
- Où puis-je prendre un pot ?
- Où puis-je boire un coup ?

小知识：

法国火车站一般没有专门的候车室，只是在一些过道、走廊、大厅里放几张长椅。法国大一点的火车站里有咖啡馆、餐厅。任何人都可以随意进入火车站，没票也没有问题，只要上火车时有票就行了。当然，在上火车前一定别忘记在站台上把自己的票放进专门的检票机里检票（composter），因为火车上会有检票员查票，如果你有票，但你的票上没有检票机留下检票标记，则你的行为会被视为逃票。

13. 1）去掉 oui，因为前面不是一个问句。标准稿加上 Et bien 是"那个……"，表示"让我想一想"。

2）magasin 一般指旧式的百货公司，其特点是有售货员，顾客不能自己拿商品看，而是要通过售货员。现在一般都是超市了，或者就是商业中心。在商业中心里，都有商店、饭店、咖啡馆，但网吧很少。

3）之所以改成单数，是因为法国的火车站都很小，各种店一般都只有一家。

中文原稿：

这里有商店、饭店、咖啡馆和网吧。

标准稿：

Et bien, il y a un grand centre commercial. Vous pouvez y trouver un café, un restaurant et un cyber-café.

学生稿：

Oui, il y a des magasins, des restaurants, des cafés, des cyber-cafés.

右上角对话框：deux heures. Où puis-je aller en attendant le train ?

14. bien "好"，可以是"我听清楚了，但我不一定会去"，如果用 très bien "太好了"，那就显得很满意，是非常客气的说法。

中文原稿：

好的，谢谢。

标准稿：

Très bien. Merci beaucoup.

学生稿：

Bien, merci beaucoup.

15. de rien 一般都是比较熟悉的人之间说的，而且在你真的帮助过别人，而别人感谢你时，你才能说。用在这里太重了，因为只是给别人几个信息，不能算真的帮助。所以要用 Je vous en prie。遇到不熟悉的人或我们需要用 vous 相称的人，在回答说"不客气"时，我们都说 je vous en prie，则一定不会错。

中文原稿：

不用谢。旅途愉快！

标准稿：

Je vous en prie. Bon voyage !

学生稿：

De rien. Bon voyage !

Nous sommes...

精简与归一法语课堂1
第三课
地铁与高铁
Leçon 3

[ц]
[ф]

第一部分　上海地铁
Première partie　Le Métro de Shanghai

【中文原稿】

　　大家好，今天我想给大家介绍一下上海的地铁。上海的第一条地铁线路于 1993 年 5 月 28 日正式运行。目前上海轨道交通是全国运行线路最长的城市轨道交通系统。已有 20 条线路，509 个车站，全长 831 公里。不同的地铁线路可以根据列车车身的不同颜色来分辨。比如说一号线是红色的。地铁为人们的出行提供了极大的方便。至于上海地铁的票价，上海地铁实行一票通的全网络计价模式。另外，无论乘客换乘多少次地铁，均按进出两站间最短距离计价。当然，随着里程数的增加，票价也会相应增加。上海地铁仍存在一些问题。曾经的 10 号线追尾事件使人们对地铁的安全产生了很多担忧。但总的来说地铁仍是我市城市基础建设的重要成果。

【法语标准稿】

　　Bonjour à toutes et à tous. Aujourd'hui, je voudrais vous parler du métro de Shanghai. La première ligne de métro a été mise en service le 28 mais 1993. Actuellement, le métro à Shanghai dispose du réseau le plus large en Chine/le plus long de Chine. Le réseau du métro de Shanghai est le plus long de Chine. Shanghai dispose désormais de 20 lignes de métro avec 509 stations, qui couvrent 831 kilomètres. On peut repérer les lignes par des couleurs différentes. Par exemple, la couleur rouge représente la ligne numéro 1. Le métro est vraiment pratique, en particulier pour les habitants de Shanghai puisque la ville est peuplée de près de 24 millions d'habitants. Quant au métro de Shanghai, sa tarification est basée sur le principe de l'utilisation de l'entier réseau avec un seul billet. En effet, peu importe combien de fois les passagers changent de lignes, le prix du ticket sera calculé en fonction de la distance la plus courte parcourue entre les deux stations. Bien sûr, plus le nombre de kilomètres augmente, plus le tarif sera proportionellement élevé. Mais aujourd'hui, le métro de Shanghai rencontre quelques problèmes. L'accident sur la ligne 10 inquiète tout le monde. Le métro de la ville de Shanghai est le fruit de l'intelligence de nombreux spécialistes français et chinois experts des infrastructures urbaines.

教师解释：

1. 学生译文语法上看没有错，但是 présenter la situation du métro "介绍地铁情况" 通常是一边介绍，一边带着参观者参观地铁时的用语。

   中文原稿：

   大家好，今天我想给大家介绍一下上海的地铁。

   标准稿：

   Bonjour à toutes et à tous. Aujourd'hui, je voudrais vous parler du métro de Shanghai.

   学生稿：

   Bonjour à toutes et à tous. Aujourd'hui, je voudrais vous présenter la situation du métro de Shanghai.

2. 学生稿没有语法错误。但 être inauguré "为……举行开幕典礼" 是有开通仪式的，用在这里不合乎原文的意思；使用 a été mise en service "投入运营" 比较恰当。但是，简单地说，用 fonctionner depuis 就足够了：La première ligne de métro fonctionne à Shanghai depuis1993.

   中文原稿：

   上海的第一条地铁线路于 1993 年 5 月 28 日正式运行。

   标准稿：

   La première ligne de métro a été mise en service le 28 mai 1993.

   学生稿：

   La première ligne de métro a été inaugurée à Shanghai le 28 mai 1993.

3. 1）如果尽量维持学生的表述，那么 dispose 后得加介词 de：...dipose du (de + le) plus long...。

   2）如果尽量维持学生的表述，那么 le plus long 得改成 la plus longue ligne de métro，否则受众无法知道 le plus long 是指什么。

   3）如果尽量维持学生的表述，那么 en Chine 得改成 de Chine，因为 en Chine 表示 "在中国范围内，不与外国范围相比较，有可能这个东西是中国的，也有可能这个东西是外国的，无论如

   中文原稿：

   目前上海轨道交通是全国运行线路最长的城市轨道交通系统。

   标准稿：

   Actuellement, le métro à Shanghai dispose du réseau le plus large en Chine/le plus long de Chine. Le réseau du métro de Shanghai est le

何这些东西都是在中国",而 de Chine 则表示"是中国的东西,有可能带有与外国的东西比较的概念"。

4)学生译文给出的法语句子表示:全国有很多条地铁,而最长的那条在上海。这与中文句子的原意有出入。中文句子原意是"上海地铁总线路加起来的长度是全国最长的":Actuellement, le métro à Shanghai dispose du réseau le plus large en Chine。"总线路"我们可以转换成 réseau "网络",也可以译成 le kilométrage des lignes de métro 或 la totalité du kilométrage des lignes de métro。"最长的"可以译成 le plus large、le plus long 或 le plus important。动词"是"可以译成 être、disposer de 或 couvrir。这就有了以下的可能:

- Actuellement, le métro à Shanghai dispose du réseau le plus large en Chine;
- Actuellement, le métro à Shanghai couvre le réseau le plus large en Chine;
- Actuellement, le métro à Shanghai dispose du réseau le plus long de Chine;
- Actuellement, le kilométrage du métro à Shanghai est le plus important de Chine;
- Actuellement, le réseau du métro de Shanghai est le plus long de Chine;
等等。

plus long de Chine.

学生稿:

Actuellement, le métro à Shanghai dipose le plus long en Chine.

4. 标准稿中出现 désormais "从今以后、从此以后、今后、往后",旨在说明这是新近达到的能力,以后会一直存在。如果没有 désormais,对中国情况不了解的法语受众会以为上海地铁交通能力像世界发达国家大城市一样,已经存在了几十年了。

学生稿中有两处错误:

1)时态错误:不应该用过去时 disposait,而是现在时 dispose。

2)et de...et de... 用于列举同一层面上的不同东西。但此处地铁站和公里数都是和地铁相关的,应该用介词来连接。有同学问:couvre 可不可以用 pour parcourir 来替换? pour parcourir 可以理解,但不是最合适的。pour parcourir 为了做到,可能还没做到。

中文原稿:

已有 20 条线路,509 个车站,全长 831 公里。

标准稿:

Shanghai dispose désormais de 20 lignes de métro avec 509 stations, qui couvrent 831 kilomètres.

学生稿:

Shanghai disposait désormais de 20 lignes de métro, de 509 stations et de 831 kilomètres.

【学生提问】

Shanghai dispose désormais de 20 lignes de métro avec 509 stations, et couvre 831 kilomètres. 这样翻译可以吗？

【教师回答】

学生建议的 ... et couvre 831 kilomètres 主语就成了 Shanghai，与本文场景所需语义不符。

- -

5. 1）首先转换中文：一种颜色代表一条线路：chaque couleur représente une ligne de métro。我们在进行汉法转换时，首先要找到汉语的关键词。在本文场景中的关键词是"颜色"和"线路"。然后我们用易于理解的方法将关键词组合起来，最后再看一看法语的语句是否表达了中文句子的原意。我们在进行汉法转换时，所谓的"尊重原文"，就是尊重关键词，至于怎样将关键词组合成最符合法语行文习惯的语句，那就是我们的水平了。

中文原稿：

不同的地铁线路可以根据列车车身的不同颜色来分辨。

标准稿：

On peut repérer les lignes par des couleurs différentes.

学生稿：

Les différentes lignes peuvent être distinguées par les différentes couleurs.

2）学生译文 Les différentes lignes peuvent être distinguées par les différentes couleurs 中的介词 par 用错了。介词 par 在被动态中引出施动者。les différentes couleurs "不同的颜色"不可能成为 distinguer 这个动作的施动者。我们可以使用"根据"selon：selon différentes couleurs...。

3）学生译文 les différentes couleurs 中的定冠词 les 不妥。定冠词的使用需要满足两个条件中的一个：或者是前面已经提到过的，或者覆盖所有的。"地铁线路"可以是覆盖所有的，在前面也已经提到过了，但是前面没有提到过"颜色"，而且世界上存在的颜色大大地超过标示地铁线路的颜色。所以 différentes couleurs 前面的定冠词 les 用错了，应该改成 des。但 différent 作为形容词复数放在被修饰词前面时，冠词 des 应当省略。

4）学生译文中的 distinguées 也不妥。distinguées 是动词 distinguer 派生的过去分词，distinguer 的用法是 A distinguer B de C。Les différentes lignes peuvent être distinguées 中缺少 C 的概念。实际上，中文句子原意是要把各种不同的线路分辨开来，而学生译文给出的意思却是"这些车身为一方，某个没有说的东西为另一方，颜色帮助我们把这两方的东西区别开来"。要改正这一错误，我们只要使用 repérer 就可以了：On peut repérer les lignes par des couleurs différentes。

6. 1）这句中文句子在语义上存在问题。如今已经进入到 21 世纪，我们中国（上海）经过几十年的改革开放，城市基础设施已经有了很大的发展，地铁的方便快捷是众所周知的常识，中国的绝大多数老百姓都已经知道，如果再把这一信息使用法语表达给法国人听，那就会给法国人一种我们的生活条件比较落后的感觉。因此我们在翻译的时候不能只是字面翻译，遇到此类情况，为避免窘境的出现，我们还要加上"尤其对于上海居民来说"这样的表述，因为上海是个有 2400 万居民的大都市。

2）Le métro est vraiment pratique "地铁真的很方便"就是"地铁为人们的出行提供了极大的方便"的语义。标准稿之所以添加 vraiment 旨在说明"我们过去也听说过地铁很方便，但并

中文原稿：

地铁为人们的出行提供了极大的方便。

标准稿：

Le métro est vraiment pratique, en particulier pour les habitants de Shanghai puisque la ville est peuplée de près de 24 millions d'habitants.

学生稿：

Le métro a rendu la vie plus facile aux gens dans le domaine du déplacement.

没有切身体验到。开始建造地铁时，上海的交通受到了工程的干扰，上海人的生活受到了影响。但现在我们开始享受地铁的福利了"。**注意**：今后我们倘若做翻译，在遇到需要转换此类叙述一般常识的话语时，要学会稍加一点"佐料"，做到"化腐朽为神奇"的效果。en particulier pour les habitants de Shanghai 的添加也是出于这一考虑。同学们可能会问：翻译讲究"忠实于原文"，这样做是否违背了这一原则？老蔡的回答是：做翻译绝大部分的情况是为了帮助交流的双方达到交流的目标。为了实现这一目标，我们在翻译时有很多维度的内容要顾及，其中就有要表现被翻译的中国人的学识和优雅。所以，我们应当在这方面训练自己。

学生稿存在五个错误：

1）Le métro a rendu la vie plus facile 是复合过去时，是说这一动作已在过去完成了，但法语受众并不知道现在是否还是这样。**注意**：汉语的"了"作为缀词添加在动词后面，经常表示动作已经发生，结果留到在。而法语并不总是这样的，例如 Le métro a rendu la vie plus facile 是说"曾经有过"，但并不覆盖现在。转换汉语的这类表述，同学们要先想一下，是否现在还是这样。如果是的，那就用现在时：Le métro rend la vie plus facile。这就显得很简洁。

2）plus facile 是比较级。在法语中，比较级必须有被比较的词语出现，否则就错了。如果将之改成 Le métro rend la vie facile，那就做到了既正确又简单。

3）法语没有 rendre la vie plus facile aux gens 的表达方式。如果学生的句子成立，aux gens 是状语，那么 la vie 又是谁的呢？

4）déplacement "移动、出行"，指所有导致位移的活动，改为 transports "交通、运输、载客"更为合适。

5）dans le domaine de... "在……领域"通常用于宏观研讨的论述之中，与本文场景所需语义不符。

7. 1）学生译文 En ce qui concerne les tarifs du métro de Shanghai 中的 tarifs 通常指价目表中列出的各种价格，而 tarification 则是 "价格计算、价格计算方式"。学生译文做到了达意，但因为同时出现了 tarifs 和 tarification，稍显啰嗦。而且，在 En ce qui concerne les tarifs du métro de Shanghai, le métro de Shanghai... 接连出现了两次 métro de Shanghai，也显得有些啰嗦。

2）学生译文 met en œuvre（mettre en oeuvre）"着手实施、实施"（直陈式现在时）说的是正在发生的动作，给出的语义是 "现在刚开始"，但实际上这样的计价模式已经实施了很多年了。标准稿采用了 elle（sa tarification）est basée sur le principe... "计价建立在……的原则基础之上"，给出的语义是每次计价都是这样的原则。

3）modèle "模范、榜样、范例、样品、模式、原型、样本"的主轴语义是 "用于做参考的人或事物"；而本文场景中的 "模式"则更是一种 "原则、原理、准则、定律"，是必须执行的规定，故使用 principe 更为妥当。

4）réseau complet "完整的地铁网"是与不完整相对的，而本文场景说的是一张票就可以乘遍整个地铁网。故学生译文应采用标准稿的 entier réseau。

5）如果尽量维持 tarification de réseau 的表达，

中文原稿：

至于上海地铁的票价，上海地铁实行一票通的全网络计价模式。另外，无论乘客换乘多少次地铁，均按进出两站间最短距离计价。

标准稿：

Quant à sa tarification, elle est basée sur le principe de l'utilisation de l'entier réseau avec un seul billet. En effet, peu importe combien de fois les passagers changent de lignes, le prix du ticket sera calculé en fonction de la distance la plus courte parcourue entre les deux stations.

学生稿：

En ce qui concerne les tarifs du métro de Shanghai, le métro de Shanghai met en œuvre un modèle de tarification de réseau complet à un billet. D'ailleurs, peu importe de fois que les passagers changent de métro, le prix est calculé en fonction de la distance la plus courte entre les deux stations.

那也得将之改为 tarification du réseau 因为 tarification du réseau "网络计价" 中的 tarification 是 tarifer "规定费率、规定价格" 的动名词，而 réseau 则是其实际主语。主语名词需要加定冠词。

6）法语没有 tarification de réseau complet à un billet 的表达方式，除了 tarification de réseau complet 中存在较多的错误以外，à un billet 无法表达 "仅使用一张票" 的语义。

7）d'ailleurs "况且" 的意思是：Sert à ajouter une nouvelle considération à celles qu'on a déjà présentées "用来在已说内容之上添加一新的说法"，例如：Il avait manifestement tord; d'ailleurs il n'pas osé insisté "显然他错了，况且他不敢坚持下去"。[1] d'ailleurs 的主轴语义是用其他例子佐证前面所说的信息，旨在举例说明。而本文场景的前后两句却是因果关系，并非举例说明，故应采用标准稿的 en effet。

8）法语 peu importe 只能后跟疑问词或连词 que 引出的、其谓语动词为虚拟式的选择疑问句，故学生译文 peu importe de fois... 是错误的表达。

9）changent de métro 表面上看转换成汉语是 "换地铁"，但法语给出的语义却是 "换乘不同城市的地铁系统"。这是因为 métro 是 métropolitain 的缩写，日常口语中说 métro。但每个城市只有一个 métro，每个 métro 都由多条 lignes 构成。法国人在口语中也说 changer de métro，但正式场合要说 changer de lignes。

10）学生译文 le prix est calculé 中的 le prix 缺少限定，而且一旦加上限定以后 le prix du ticket，意思是要去购买一张票，而计算票价则是接下来会发生的一件事，故最好采用将来时：le prix du ticket sera calculé。**注意**：地铁票通常使用 ticket "小票、面积较小的纸票"，而 billet 通常用于 "钞票、火车票、飞机票"。相对于地铁票而言，法国的火车票不是小票，而是面积较大的票。

11）学生译文 en fonction de la distance la plus courte entre les deux stations "根据两站之间最短距离" 没有错，但是加上 parcourue 更为确切，即：la distance parcourue la plus courte。

8. 1）évidemment 通常用在句中。如果独立用在句首，则 sert à renforcer une affirmation "用于加强肯定的语气"，例如：Évidemment, j'aurais préféré être dispensé de ce travail "我当然更愿意

中文原稿：
当然随着里程数的增加，票价也会相应增加。

---

① 《拉鲁斯法汉词典》，北京：商务印书馆，2014。

免去这项工作"①。而本文场景则是一个简单的逻辑链接，并不旨在强调。

2）à mesure, à mesure que 的意思是：en même temps et en proportion "随着，逐渐地"。例如：A mesure que l'orateur parlait, l'auditoire s'assoupissait "演说人的讲话把听众带入了昏昏欲睡之中"。② 用在本文场景中不妥，因为本文场景中并不需要表达"逐渐"的语义。

3）en conséquence 的意思是：d'une manière appropriée "因此、依据、相应地"，例如：J'ai reçu votre lettre et j'agirai en conséquence "我已收到您的来信，我将据此行动"；③compte tenu de ce qui précède "考虑前文所说"，例如 agir en conséquence "相应行动"；pour cette raison, par suite "出于这一原因、后来、随后"，例如：La poésie est purement subjective...en conséquence l'on peut écrire n'importe quoi "诗歌是完全主观的……"。④en conséquence "因此"的主轴语义是"某件事的结果导致"，而本文场景说的是"每一次都会按比例加价"，故标准稿的 proportionellement 更为准确。

标准稿：

Bien sûr, plus le nombre de kilomètres augmente, plus le tarif sera proportionellement élevé.

学生稿：

Évidemment, à mesure que le kilométrage augmente, le tarif augmentera en conséquence.

9. 关于 affronter 使用的两处错误：

1）affronter 的宾语是人，指身体上的对抗，其宾语很少是物。我们可以说 affronter des difficultés，但是不能说 affronter des problèmes。我们可以说 rencontrer quelques problèmes、subir des avaries。但这三组动词 + 宾语的组合不能混淆。

2）s'affronter à qqch "勇于对付……（指困难、局面）"：s'affronter à un obstacle "勇于对付一种困难"、s'affronter à la solution d'un grave problème "勇于解决一个重大问题"。

中文原稿：

上海地铁仍存在一些问题。

标准稿：

Mais aujourd'hui, le métro de Shanghai rencontre quelques problèmes / subit des avaries.

学生稿：

Mais aujourd'hui, le métro de Shanghai s'affronte aussi quelques problèmes / affronte des difficultes.

10. 学生稿没有语法错误，但显得有些啰嗦。而标准稿 L'accident sur la ligne 10 inquiète tout le monde 则简单明了，能将中文原稿"曾经的 10 号线追

中文原稿：

曾经的 10 号线追尾事件使人们对地铁的安全产生了很多担忧。

---

① ② ③ 《拉鲁斯法汉词典》，北京：商务印书馆，2014。
④ *Le Nouveau Petit Robert,* Paris: Le Robert, 2009.

尾事件使人们对地铁的安全产生了很多担忧"的所有信息囊括进去：L'accident sur la ligne 10 "10号线事故"中的 accident 前使用定冠词，就是指那场众人皆知的事故，即 2011 年 10 号线上的追尾事故；inquiète（inquiéter qqn）"让人担忧"在本文场景中，当然就是对地铁安全的担忧了，而且法语的 inquiéter "担忧"就是"很多担忧"的语义。les gens 使用的是复数，内含这些人之间的不同，而 tout le monde 则将对此感到担忧的不同的人视为同一的整体。

标准稿：

L'accident sur la ligne 10 inquiète tout le monde.

学生稿：

Il y a eu un accident de heurt de trains sur la ligne 10, il inquiète beaucoup les gens sur le plan de la sécurité du métro.

【学生提问】

"追尾事件"的法语对应词是什么？

【教师回答】

我们可以说 La voiture a percuté un mur 或 La voiture a percuté contre un mur "汽车撞到了墙上"，La voiture est percutée à l'arrière par une autre voiture "汽车被另一辆车追尾了"。**注意：**percuter 是较为猛烈的"撞"。"两列地铁追尾"，我们可以说 La première rame heurte violemment l'arrière de la deuxième rame。**注意：**train 可以指地铁里的列车，说的是列车的实体，而 rame 指连接在一起的正在运营的班次列车。但在本文场景中的"追尾事件"发生在地铁中、地铁的轨道上，所以我们只要说 accident dans le métro、accident ferroviaire 甚至只要说 accident sur la ligne 10 即可。

- -

11. 1）在本文场景中，从上下文来看，没有必要说"但总的来说"，故标准稿和学生稿都省略了。

2）标准稿添加了 de la ville de Shanghai 以说明这里所说的地铁是上海的地铁。之所以将上海说成 ville de Shanghai，旨在避免简单重复，ville de Shanghai 可以带来用词变化。

3）"结晶"在汉语中指成果。汉法词典里对应"结晶"的法语是 cristallisation，而 cristallisation "结晶、晶华、晶华产物、凝聚、凝结"虽然也有 Cette théorie était la cristallisation de dix années de réflexion "这个理论是 10 年思索的结晶"的

中文原稿：

但总的来说地铁仍是我市城市基础建设的重要成果。

标准稿：

Le métro de la ville de Shanghai est le fruit de l'intelligence de nombreux spécialistes français et chinois experts des infrastructures urbaines.

学生稿：

Le métro est la cristallisation de la

用法，但都是"凝结、凝集而成的结晶"，而本文场景表达规模宏大的建设成果，使用 fruit 更为贴切。**注意**：汉法转换"结晶""成果"时，法国人大都使用 fruit 这一词。

construction de l'infrastructure de la ville de Shanghai.

4）在向法国人做介绍时，如果说"是我市城市基础建设的重要成果"，法国人听了可能没有什么反应。如果我们说成"是中法专家智慧的成果"，那么法国人就会有感触，就会引发双方进一步交流。当然，上海地铁建设的主力还是我们中国人，内含我国的许多科技专利。标准稿做此添加的目的是要告诉同学们，我们在做介绍时要注意互动，注意引起受众的兴趣。假如我们要"忠实于"中文原稿，那则应当转换为 ...est le fruit de la construction des infrastructures urbaines。

5）在每一座城市里都有一定数量的基础建设，故法语 infrastructure 大都使用复数。

6）urbaines"城市的、都市的"是 ville 的形容词。标准稿使用该词旨在避免重复。

第二部分　在高铁上
Deuxième partie　En TGV

【中文原稿】

在高铁上

A：先生，不好意思，能让我进去吗？我的位置在里面。

B：好的。

A：谢谢。

B：先生，您是去旅游吗？

A：不，我去北京出差，您呢？

B：我是去北京旅游，这是我第一次坐高铁。

A：我倒坐过很多次了，因为我经常去北京出差。有了高铁之后去北京方便多了。

B：那您以前都是坐什么去北京的呢？

A：有时候我会坐飞机。但您是知道的，飞机经常因为天气原因晚点。更多的时候我是坐火车，因为火车票比较便宜。但是如果是慢车的话，要坐 20 个小时。

B：时间真久。

A：是啊，现在有了高铁，五个小时就到了。

B：对了，您知道北京有什么好玩的吗？

A：北京有很多著名的景点，像故宫、颐和园、天安门广场等，都值得一看。另外，北京的交通状况不太好，高峰期间道路非常拥堵，乘地铁会好一些。

【法语标准稿】

En TGV

A : Pardon, Monsieur, excusez-moi. Ma place est à côté de la vôtre. Pourriez-vous me laisser passer, s'il vous plaît ?

B : Bonjour Monsieur, oui, je vous en prie. Entrez, s'il vous plaît.

A : Merci Monsieur.

B : Vous allez à Beijing pour visiter la ville ?

A : Non, je vais à Beijing en mission, et vous ?

B : Je vais à Beijing pour visiter la ville, c'est la première fois que je prends le TGV.

A : Je l'ai pris plusieurs fois, parce que j'y vais souvent pour mon travail. Il est vraiment très facile de se rendre à Beijing en TGV.

B : Quel moyen de transport preniez-vous pour vous y rendre ?

A : Je prends souvent l'avion. Mais les vols prennent du retard en raison du mauvais temps. Je prends donc plus fréquemment le train parce que c'est moins cher. Lorsque je prends le corail, je mets 20 heures.

B : Ça prend beaucoup de temps. / C'est très long !

A : En TGV, on peut se rendre à Beijing en 5 heures. / En effet, le voyage ne prend que 5 heures en TGV.

B : A propos, quels sites pouvez-vous me conseiller ?

A : De nombreux sites méritent une visite. En plus de la Cité Interdite, la Grande Muraille et d'autres sites classiques, je vous conseillerais aussi de visiter Shichahai. Malheureusement, la circulation à Beijing n'est pas fluide. Je vous conseillerais alors de prendre le métro. / Il serait préférable de prendre le métro. / Il vaudrait mieux que vous preniez le métro.

教师解释：

1. 介词 dans 引出一个名词作状语，这一状语一般都处于静止的状态、不参与谓语动词动作。而在本情景中，"在高铁"上是说在乘坐高铁的时候，如果我们用 dans le TGV 这一表述，那 TVG 就可能是停着不动的。假如我们真的要使用 dans + TGV 的表述，那 TGV 就得使用冠词 un（或者 dans une voiture de TGV），因为这里是第一次提到 TGV，也不存在使用抽象的概念覆盖全体的可能。

中文原稿：

在高铁上

标准稿：

En TGV

学生稿：

Dans le TGV

2. 1）学生译文里的 moi 用在这里是错误的，因为我们无法知道 moi 在句子中的语法作用。在法语中，任何词语都必须由其语法功能规定其位置。而且 moi（单数第一人称重读人称代词）出现在这里的目的，只能是强调"我的座位"，法语语法规定，重读人称代词不能作为物主形容词的同位语。

2）另外，à l'intérieur 表示在一个空间的内部，用在这里不太妥当。

中文原稿：

先生，不好意思，能让我进去吗？

我的位置在里面。

标准稿：

Pardon, Monsieur, excusez-moi. Ma place est à côté de la vôtre. Pourriez-vous me laisser passer, s'il vous plaît ?

学生稿：

Pardon, Monsieur, moi, ma place est à l'intérieur. Pourriez-vous me laisser passer ?

3. 1）因为别人跟我们说了 pourriez-vous…，所以我们也要非常礼貌，学生译文缺少 bonjour，因而欠礼貌，所以要加上 bonjour，还要加上称呼。

2）学生译文 je vous laisse 是法国人经常使用的句型，但它所表达的意思却是"有几个人在一起，其中的一个人想先离开，其他人继续留在那里"，这时，想先离开的人为表示礼貌，说 je vous laisse "我留下你们了"，意思是说"我先走了"。所以这句话用在这里是不合适的。

中文原稿：

好的。

标准稿：

Bonjour Monsieur, oui, je vous en prie. Entrez, s'il vous plaît.

学生稿：

Oui, je vous laisse.

 【学生提问】

能不能说 je vous laisse passer？如果不能，汉语"好的，我让你进去"如何转换成法语？

 【教师回答】

中国人说："好的，我让您进去。"怎么转换成法语呢？我们只要说 Bien sûr, je vous en pris. 就可以了。Je vous laisse passer 在这里是不合适的。

- -

4. 1）这个中文句子不好，面对一个陌生人，一坐下来，我们就问他是不是去旅游，缺少过渡，非常突兀。我们是否可以加上：Que de monde dans le train !"啊，火车上人真多啊！"C'est agréable de voyager en octobre."十月份出游挺舒服的。"Et vous, Monsieur, vous partez aussi vous promener ？"先生您也是这个旅游团的吗？"等等。

2）学生译文 Monsieur, est-ce que vous partez pour faire un voyage 中的 Monsieur 放在句首不妥。句首说 Monsieur 似乎有一个重大问题要问，但后跟的一句话却是一句可说可不说的话。

3）est-ce que 一般用于真有问题要问，而本文场景中的中文句子"先生您是去旅游吗"是一种礼貌的交流，可以理解成可问可不问的问题，所以不应当使用 est-ce que，应当直接说 vous partez pour faire un voyage。

4）vous partez pour faire un voyage 中的 faire un voyage 作为目的表述没有错，但因为是单数，所以只有一次旅行了。

中文原稿：

先生您是去旅游吗？

标准稿：

Vous allez à Beijing pour visiter la ville ?

学生稿：

Monsieur, est-ce que vous partez pour faire un voyage ?

5）voyage 是"旅"而非"游"，指路途中的行进，而不指观光游览，所以学生选词有误。

6）vous partez pour faire un voyage 中的 partez（partir）作"出发"解时，是说"做很多准备、带上行李、要出发"，但就具体的移动来说，这个人可能还在家里。而本文场景中的那个人却已经坐在火车上了。

【学生提问】

能说 Vous allez à Beijing pour visiter 吗？

【教师回答】

不妥，因为 visiter 是及物动词，必须后跟宾语，否则就是犯了"句子不完整"的错误。

- -

5. 1）首先，"出差"用 en déplacement 进行汉法转换，可以理解，但给人话没有说清楚、透彻的感觉，我们可以在 en déplacement 后面加上 professionnel：aller en déplacement professionnel 就会更好一点。

2）其次，partir pour 后面最好不再跟字母 p 开头的名词，要避免出现 P.P.P 的情况。这里像标准稿那样表达就好了，非常简单又正确。

3）再有，今天的法国人基本上都知道 Beijing 就是我们中国首都北京，同学们可以不说 Pékin，而说 Beijing。

中文原稿：

不，我去北京出差，您呢？

标准稿：

Non, je vais à Beijing en mission, et vous ?

学生稿：

Non, je pars pour Pékin en déplacement.

【老蔡讲故事】 十多年以前，上海曾经有几位记者前往巴黎采访，从巴黎发回了很多报道，其中有一篇报道说他们发现法语很容易学、很容易记，比如 bonjour 就是"笨猪"、salut 就是"傻驴"、comment allez-vous 就是"扛棒打老虎"……这篇报道遭到很多鄙视：花公家钱（纳税人）出国采访的堂堂记者，居然得到了这么一些对法语的发现？！时过境迁，现在好了：国家发展了，社会进步了，记者的素质提高了……这些基础常识同学们一定要多掌握，多多益善，到任何地方去以前、做任何事以前，都必须做好功课，以免犯一些很低级的错误。

6. 1）学生译文 en voyage 不对，voyage 有 "旅"
的意思但是没有 "游" 的意思，所以 Je vais à
Beijing "我去北京" + en voyage "旅行"，重复了。
voyager 或 voyage 只有前往很远的地方旅行时才
能用，强调旅途中的时间和距离。有些同学说
je vais à Beijing pour faire du tourisme 这句话是对
的，但是不够漂亮，因为 tourisme 的范围太大。
我们在用法语造句时，应当避免把句子造得太
宽泛。有同学问是否可以说 je vais à Beijing pour
faire une visite 也不太妥当，因为这句话用了
une visite "一次参观"，所以只能理解成 "去一
个地方" "参观一次" 就结束了，但是旅游一
定是会去多个景点参观的，所以应该用 Je vais à
Beijing pour visiter la ville. 又简洁又正确。正确的
表达还有：Je vais à Beijing pour me promener. Je vais visiter Beijing. Je vais faire
un tour à Beijing. 等等。

中文原稿：

我是去北京旅游，这是我第一次坐高铁。

标准稿：

Je vais à Beijing pour visiter la ville, c'est la première fois que je prends le TGV.

学生稿：

Je vais à Beijing en voyage. c'est la première fois pour moi que je prends le TGV.

7. 1）母语端有问题：这句中文句子说得很不礼貌。
一个人说 "我这是第一次坐高铁。" 另一个人
回答说 "我坐过很多次了。" 这个回答给人的
感觉好像是在鄙视人家，显得不礼貌。这里我
们应该说："啊，这是您第一次坐呀，我第一
次坐的时候也像您一样激动" 或其他一些不会
刺激人的语句。
2）J'ai pris le TGV 和 aller en mission 前面已经用
了好几次了，可以改成其他的句子，例如 Je l'ai
pris 和 j'y vais souvent pour le travail 等。

中文原稿：

我倒坐过很多次了，因为我经常去北京出差。

标准稿：

Je l'ai pris plusieurs fois, parce que j'y vais souvent pour mon travail.

学生稿：

J'ai pris le TGV plusieurs fois, je vais souvent à Beijing en mission.

8. 在同学的要求下，我们对改正后的中文句子进
行了练习：
1）确实，法国人遇到这种情景，他们会说：恭
喜您呀。虽然在汉语里听起来有点怪，但在法
语里是很正常的。这里用 Félicitations 就可以了。
2）autant 用错了，它是数量副词，后面只能跟
de + 名词。这里应该用 aussi, 它的后面可以跟形

改正后中文句练习：

**"啊，恭喜啊，这是您第一次坐
呀，我第一次坐的时候也像您一样
激动"**

标准稿：

Félicitations ! C'est votre «baptême» !

容词和副词。

3）excité 太重了，用 heureux 就可以了。

4）这是您第一次乘高铁，我们可以翻译成 C'est votre « baptême »。baptême 本义是洗礼，baptême de l'air 是指第一次坐飞机，尤其是第一次坐直升飞机。这句话在这里表示第一次做某事，用这样的句子还能显得我们对他们的宗教文化有一定的了解，能够拉近彼此的距离。

学生稿：

Ah, je vous félicite. C'est la première fois pour vous de prendre le TGV. J'étais autant excité quand j'ai pris le TGV pour la première fois.

9. 1）按照学生的思路应该翻译成 Il est beaucoup plus pratique de se rendre à Beijing en TGV qu'auparavant。学生译文的句型是比较级，得要加上 que 引出被比较物：qu'auparavant。

2）另外, facile "很容易" 不太好，应该用 pratique "方便"。介词 avec 和 en 都是正确的。

中文原稿：

有了高铁之后去北京方便多了。

标准稿：

Il est vraiment très facile de se rendre à Beijing en TGV.

学生稿：

Il est plus facile de se rendre à Beijing avec le TGV.

10. 学生译文也没有错，不过标准稿更加精练。

中文原稿：

那您以前都是坐什么去北京的呢？

标准稿：

Quel moyen de transport preniez-vous pour vous y rendre ?

学生稿：

Quel moyen de transport preniez-vous pour vous rendre à Beijing ?

11. 1）虽然前句的问题使用未完成过去时 preniez-vous，但是标准稿在本句回答时却用了现在时，这样操作旨在说明过去到现在都是这样。学生译文中的 prenais 是未完成过去时，表示过去的常态，但事实上，本文场景要说的是 "有时候我会坐飞机，过去是这样，将来也是这样"，故应改为现在时。

2）汉语 "有时候" 转换成法语有三种翻译方法：quelquefois、parfois 和 des fois。des fois 很口语化，

中文原稿：

有时候我会坐飞机。

标准稿：

Je prends souvent l'avion.

学生稿：

Quelques fois, je prenais l'avion.

属于通俗词语，建议同学们少用，parfois 语言层次较高，用在比较正式的场合，而 quelquefois 则是一个很常用的词汇。因此我们也可以说：Parfois je prenais l'avion。**注意**：quelquefois 和 parfois 放在句首，都是强调之举。是否应当强调，同学们要根据上下文来决定。

3）Quelques + fois 在旧法语中可以分开写，但现今的法国人都把它们连在一起书写了，而且还省略了第一个 s：quelquefois。

【学生提问】

为什么标准稿将有时候转换为 souvent？

【教师回答】

如果我们查阅汉法词典，"有时候"的法语对应词确实是 quelquefois 或 parfois，但 quelquefois 或 parfois 的频率是十次里面只有三四次，如果在本文场景中回答"那您（以前）都是坐什么去北京的呢？"说 Je prends l'avion quelquefois，给出的潜台词是"我告诉您次要的内容，主要内容就不说了"，这就显得不符合交流逻辑了。

- -

12. 1）这句学生译文问题比较多。首先，因为 à cause de 及其引出的名词作状语，是表示说话人认为不好的结果。因为天气原因而晚点，相对客观中性。如果尽量维持学生译文，那就得将 à cause de 改成 en raison de。

2）"晚点"可以说 être en retard，也可以说 prendre du retard。区别：être en retard 状态；prendre du retard 有意而为之，采取晚点的方法，以期达到某个目的。

3）坏天气应该是 mauvais temps, 形容词 mauvais 修饰"天气"表"坏天气"永远放在 temps 前面。mauvais 放在所修饰的名词后面表示"恶劣的"。

中文原稿：

但您是知道的，飞机经常因为天气原因晚点。

标准稿：

Les vols prennent du retard en raison du mauvais temps.

学生稿：

L'avion est toujours en retard à cause du temps mauvais.

比如，un professeur mauvais =un professeur méchant 一个人品很坏的老师，而 un mauvais professeur 是表示这个老师可能为人很善良，但教学水平比较糟糕。

4）"飞机晚点"，avion "飞机"是实实在在的飞机这一物体，可以指民用飞机、军用飞机等各种用途的飞机。而本句中文句子说的是航班，指的是飞行，而不是飞机这一事物，所以应该用 vol。而且学生译文的单数冠词（l'）也用错了，应当用复数定冠词 les。

13. quand 是 "什么时候、当……时候" 的语义，而 "至于" 是 quant à。quant à moi "至于我呢" 旨在转变对话内容，让对话焦点转移到 "我" 身上。但此处并不需要这样的焦点转移。

中文原稿：

更多的时候我是坐火车，因为火车票比较便宜。

标准稿：

Je prends donc plus fréquemment le train parce que c'est moins cher.

学生稿：

Quand à moi, je prenais plus fréquemment le train parce que c'est moins cher.

14. 1) si "如果" 用得不妥当，应该改为 lorsque "当（每当）……的时候"，因为 si 只是假设性条件，而这里需要的是同时性。换句话说，在这里用 si 引出的从句相对于主句可以不在同一个时间点上。而且 si 也可以不去 "做这件事"。Si 后面引出的假设，即做不做这件事的概率为 "五五开"，说话人对此假设没有否定或肯定的意见。lorsque 是时间状语从句连词，旨在将从句和主句放置在同一个时间点上。

2) Je prends 20 heures 在本文中是 "大错特错" 的语句。为了便于理解，我们先说一个例句：Le voyage m'a pris 3 heures "旅行让我花费了 3 个小时"，在这句句子里，原因 "旅行" 为主语，而因此花费掉两个小时的 "我" 做间接宾语。所以，如果 Je prends 20 heures 这句话是成立的，那么就是 "我让别人花费掉了 20 个小时"。在表示花费时间时，如果要表示我们是有意识地主动去花费时间时，我们可以用 mettre（je mets 20 heures）。

3) 在当今的法国，除了高铁以外，其余的火车都叫 Corail，也就是我们所称的普通列车。过去法国也有 train rapide "快车"、train express "特快列车" 之分，现在都没有了，只有 TVG 和 Corail 这两种了。

中文原稿：

但是如果是慢车的话，要坐 20 个小时。

标准稿：

Lorsque je prends le corail, je mets 20 heures.

学生稿：

Si je prends un train lent, je prends 20 heures.

15. 1) 这里不能用 période，因为 période 表示某个时间段 espace de temps plus ou moins long，是属于 "航空母舰" 性质的内容，期待着 "舰载机"，也就是说 "在这一段时间里，有事情发生"，Ça 可以从 période 里面 prendre "拿走" 一定的

中文原稿：

时间真久。

标准稿：

Ça prend beaucoup de temps. / C'est très long !

时间，但是拿不走 période 本身。

2）这里需要使用"舰载机"，所以不能用 période，而用 temps。有同学问是不是可以用 Cela 代替 Ça？不可以，因为这里需要的是感叹句，需要直抒情感，必须非常口语化，而 cela 用在这里给人过于平和的感觉。

【学生提问】

Combien c'est long ! 这样翻译可以吗?

【教师回答】

法语 Combien c'est long ! 这一表达方式是感叹句，给出的语义是"（时间）真长啊！"而本文场景并不需要感叹句，只要陈述句即可：Ça prend beaucoup de temps 或 C'est très long。法语 c'est + 形容词或副词转变成感叹句有三种形式：Combien c'est long !、Comme c'est long ! 和 Que c'est long !。再其中 Combien c'est long ! 属于旧法语，法国人现在一般很少使用；Comme c'est long ! 是很常见的日常法语，而 Que c'est long ! 则属于口语化表达方式。建议同学们学习使用 Comme c'est long !。

---

16. 1）学生译文使用动词 mettre，不妥。因为 mettre 是主动态，主动态内涵自觉主动去做的意义，给人的感觉好像是我们自己有意投入进去一些时间。但是火车花多少时间到达目的地并不取决于我们的主观愿望。**【老蔡趣解】**主动态就是皇帝坐在里面催："司机开得快一点啊，不然就把你杀掉！"所以，本来可能要更多的时间，现在只要 5 个小时。

2）seulement "仅仅、只"同时还表示不高兴或责备的口吻，用在此处不妥。故学生译文应改为 On peut se rendre à Beijing en 5 heures：一是因为其中的介词 en 给出的潜台词是"乘用别的交通工具需要十几个小时，但是乘坐 TGV 只要五个小时就可以了"；二是 arriver "到达、抵达"说的是"走完路途最后阶段、抵达终点的动作"。也就是说，如果路途共需五个小时，arriver 是说最后半个小时的故事。故应改为 se rendre，se rendre 覆盖整个路途。

学生稿：

Ça prend une telle longue période.

中文原稿：

是啊，现在有了高铁，五个小时就到了。

标准稿：

En TGV, on peut se rendre à Beijing en 5 heures. / En effet, le voyage ne prend que 5 heures en TGV.

学生稿：

Effectivement, maintenant on met seulement 5 heures pour arriver à Beijing.

【学生提问】

seulement 和 ne...que 有何区别？

【教师回答】

在现代法语中，seulement 和 ne...que 经常是同义词，但实际两者之间存在着区别：

- **seulement** 有较多的用法及不同的语义。如果用来表达"仅仅、只、才"：Cinq personne seulement sont venues "只来了五个人"、Il est arrivé seulement hier "他昨天才到"、C'est seulement vers dix heures qu'on nous a servis "将近十点的时候才给我们送来了饭菜"。如果我们要表示不高兴或责备，则用 seulement。

- **ne...que** "仅仅、只"则是客观描述，除非有特殊的语调相配，否则不表示不高兴或责备：Je n'ai que dix euros sur moi "我身上只有欧元"、Il ne pense qu'à son travail "他只想着他的工作"。

---

17. 1）"对了"是突然想到的意思，用 à propos 表示。而 oui 只有在听到一个一般疑问句后，我们需要肯定回答才说。

2）另外 intéressant 用得有些暧昧，什么是"有趣、有劲"？这可以有很多方面的解释：旅游、吃饭、找男女朋友……这里应该清楚地翻译成"不得不看、一定要到此一游的景点"：Quels sont les sites incontournables ? Quels sont les sites à visiter en premier lieu ?

3）quelques endroits + intéressants 最后的 intéressants 必须用介词 de 引出，而且复数得改成单数：quelques endroits d'intéressant。因为 quelque 为泛指形容词。

中文原稿：

对了，您知道北京有什么好玩的吗？

标准稿：

A propos, quels sites pouvez-vous me conseiller ?

学生稿：

Ah oui, est-ce que vous connaissez quelques endroits intéressants à Beijing ?

18. 1）这句中文句子说了一些所有人都知道的北京景点，很没意思，好像人家连这些所有人耳熟能详的地方都不知道。我们可以换一种方法来表达，如标准稿那样。

2）缺少"都值得一看"。

中文原稿：

北京有很多著名的景点，像故宫、颐和园、天安门广场等，都值得一看。

3）有学生问 Il fait bon de se promener... 是否可以？教师回答：这句话有歧义，到底是散步这件事让人很舒服呢，还是天气或者别的什么原因让散步变得舒服呢？另外 de + 动词不定式，前面的形式主语必须是 il，然后是 être + 形容词：应该是用 il est agréable de ... 这样的句型。确实，我们经常听到法国人说 Il fait bon "天气很舒服"，但是后面不能再加动词不定式了。

4）"故宫"Cité Interdite 两个词的第一个字母都必须大写。

标准稿：

De nombreux sites méritent une visite. En plus de la Cité Interdite, la Grande Muraille et d'autres sites classiques, je vous conseillerais aussi de visiter Shichahai.

学生稿：

il y a beaucoup de sites célèbres à Beijing comme la Cité interdite, le Palais d'été, la Place Tiananmen.

 【学生提问】

可以省略标准稿里的 aussi 吗？

 【教师回答】

不行，必须加上去。否则无法体现接下来的提议与之前的提议之间的关联，句子间的逻辑联系将变得松散。

- -

19. 1）la circulation n'est pas très bonne 是错误的说法，因为 circulation "循环、车辆运行、交通"是个动名词，而 bon(ne) "好、正确"形容词，或者指内涵很好，或者指符合某个标准，这两个词合在一起表达交通情况似乎有些牵强。一般来说，如果"交通"转换成 la circulation，想要表达交通情况如何，那就只能使用形容词 fluide。

2）有了 la circulation à Beijing n'est pas fluide 这句话，parce qu'il y a souvent des embouteillages 就没有存在的必要了，因为交通不通畅，就是有堵车的现象。

3）proposer 和 conseiller 不同，conseiller 是为对方好而提的建议，而 proposer 虽然也有建议的意思，但更聚焦"想到了就说"，而且 proposer 可以建议对方、也可以建议自己、更可以建议双方一起去做。所以这里应该说 conseiller。

中文原稿：

另外，北京的交通状况不太好，高峰期间道路非常拥堵，乘地铁会好一些。

标准稿：

Malheureusement, la circulation à Beijing n'est pas fluide. Je vous conseillerais alors de prendre le métro. /Il serait préférable de prendre le métro. / Il vaudrait mieux que vous preniez le métro.

学生稿：

Malheureusement, la circulation n'est pas très bonne à Beijing parce qu'il y a souvent des embouteillages. Je vous propose de prendre le métro.

第三部分　中国的地铁和高铁
Troisième partie　Métro et TGV en Chine

【中文原稿】

中国的地铁和高铁

A：小华，你有空吗？我有些事向你请教。

B：哦，是迪迪埃啊，当然有空，有什么可以帮你的？

A：是这样的，我刚来中国不久，对中国的交通不是很了解，我想去上海的周边游玩，但是不知道该如何选择出行工具。我想省时省力，但不想开销太大。

B：哦，如果你选择去上海近郊游玩，可以选择地铁，如今上海有20条线路，通往上海各个角落，你可以在随便一个地铁站找到地铁的指引图，上面有清晰的换乘信息与时刻表，简直方便极了。

A：我听说了，上海的地铁相当方便，但是听说也非常拥挤。

B：没错，在高峰期，许多线路都处于饱和状态。

A：可是，如果我想去上海以外的城市游玩呢？我应该先坐地铁再换乘公交车吗？公交车在中国是不是很流行？

B：公交车是除了地铁以外对我们影响最大的公共交通工具，但是想要坐公交出上海旅游，仍然不是一个好的选择。

A：那我应该坐火车吗？中国的火车票很贵吗？

B：不，相比起法国来说，中国的火车票并不昂贵，如果要出城在周边旅游，坐火车是最方便最经济的选择。自从动车组被引进以后，往返于周边城市所需要的时间大大减少。

A：哦，是吗，那实在太好了。我这就去购买火车票，用学生证可以打折吗？

B：我想不能。除了动车之外，还有由我国自主重点研发的高铁。

A：早有耳闻，据说时速相当快。

B：对，时速很快，但是票价比起动车要贵出不少。高铁是我国铁路工程部门许多专家智慧的结晶，它标志着我国铁路部门工业技术的新高度。

A：我真该坐坐高铁，感受一下中国的技术。谢谢你的建议。

【法语标准稿】

Métro et TGV en Chine

A : Allô, c'est Xiaohua, es-tu libre ? Je voudrais te demander quelques informations.

B : Oh, bien sûr. De quoi s'agit-il ?

A : Je viens d'arriver en Chine et je ne connais pas les transports chinois. Je souhaiterais me promener aux alentours de Shanghai, mais je ne sais pas quel moyen de transport utiliser.

J'aimerais bien en utiliser un qui ne coûte pas cher et qui soit rapide.

B : Dans ce cas, si tu veux te promener dans la banlieue de Shanghai, tu peux prendre le métro. Shanghai dispose désormais de vingt lignes de métro et elles desservent tous les coins de Shanghai. Tu pourras trouver facilement un plan de métro dans toutes les stations, sur lequel il y a toutes les correspondances et les horaires. C'est vraiment pratique.

A : J'ai entendu dire que le métro était très pratique à Shanghai, mais qu'il était encombré.

B : C'est vrai. Aux heures de pointe, beaucoup de lignes sont saturées.

A : Si je devais aller visiter d'autres villes au-delà de Shanghai, devrais-je d'abord prendre le métro et ensuite prendre le bus ? Est-ce que les bus sont fréquemment utilisés ?

B : Après le métro, le bus est le moyen de transport qui joue le rôle le plus important dans nos déplacements au quotidien. Cependant, ce n'est pas un bon choix de faire des excursions en bus au-delà de Shanghai.

A : Devrai-je prendre le train alors ? Le billet de train est-il cher en Chine ?

B : Non. Par rapport à la France, les billets de train en Chine ne sont pas chers. Si vous voulez vous promener dans la périphérie de la ville, le train est le choix le plus commode et le plus économique. Depuis que le train rapide a été introduit en Chine, le temps de transport entre Shanghai et les villes alentour a été considérablement réduit.

A : Ah bon, c'est fabuleux. Je vais m'acheter des billets de train alors. La carte étudiante offre-t-elle des réductions ?

B : Je ne crois pas. Mis à part le train rapide, il y a le TGV développé par la Chine elle-même.

A : J'en ai déjà entendu parler, on dit que les TGV vont extrêmement vite.

B : Oui, mais les tarifs sont beaucoup plus élevés que ceux des trains rapides. Le TGV est la cristallisation de l'intelligence de nombreux experts chinois travaillant dans le domaine de l'ingénierie du chemin de fer. Ainsi qu'un jalon historique marquant une progression des savoir-faire de l'industrie ferroviaire de Chine.

A : Je devrais vraiment prendre le TGV pour connaître personnellement la technologie chinoise. Merci pour ton conseil.

教师解释：

1. 学生稿中存在着四个问题：

1）prise 从 prendre 而来：prendre（动词不定式，原形）➜ pris（过去分词用作被动态，阳性）➜ prise（过去分词用作被动态，阴性）。最初的意思是"被拿住、被抓住、被取走"，后引申

中文原稿：

小华，你有空吗？我有些事向你请教。

标准稿：

Allô, c'est Xiaohua, es-tu libre ? Je

用于表示"忙"。但一般来说，在使用 être pris 时，都加上时间状语，而且一般都用于表示较近的未来，很少和 maintenant 一起使用。例如：Je suis prise demain"我明天没空"。为了确保以后不犯错误，建议同学们在表达"你有空吗？你忙吗？"的时候，一律使用 Es-tu libre？（或 Êtes-vous libre？）。

2）J'ai quelque chose de te demander. 中的介词 de 用错了，应当改成 à。"有什么东西 + 要 + 做"的"要"，法语用介词 à 表达。

3）J'ai quelque chose à te demander. "我有些东西向你要"，这一表达使用了直陈式现在时，而且动词 demander"要"也可以是"索要"别人所欠之物，所以语气显得很重，不够礼貌。如果采用标准稿的处理方式，使用条件式，那语气就缓解多了。当然，如果我们直截了当使用 informations 这一词语，明确说明"索要"的只是一些信息，那语气就更缓和了。

确实，汉语的"请教"是非常礼貌、非常雅致的词，其基本语义有两个："要求信息""表示礼貌"，但在汉法转换时我们找不到相应的法语词，我们该怎么办呢？那就把这两个语义分开处理：用 demander quelques informations 来表达"要某些信息"，用 Je voudrais... 条件式来表示礼貌。

4）quelque choses 是错的，两个词的数没有配合。应该是 quelque chose（都用单数），也有 quelques choses（都用复数）的用法，但都用复数的用法非常少见。

voudrais te demander quelques informations.

学生稿：

Xiao Hua, tu es prise maintenant ? J'ai quelques choses de te demander.

【学生提问】

Allô, c'est Xiaohua, tu es libre maintenant ? je voudrais te consulter sur quelques choses 这样翻译可以吗？

【教师回答】

学生提问中的句子可以达意，但存在一个问题和三个小瑕疵：

1）consulter"咨询"这一词语通常是指在一个研讨会性质的场合里求教于某人，或者大家就某事进行商讨。这个词用在本文场景中程度过重了，别人一看就是查字典得来的词，很生硬。

2）除非提问者事先已经在等待肯定的答案，否则规范法语要求问句的主谓语一定得倒装。而本文场景中确实是问句，故应改为 es-tu libre。

3）Tu es libre / Es-tu libre 的谓语是直陈式现在时，已经涵盖了"现在"的语义，故没有必要再说 maintenant 了。如果说 actuellement"现在、目前"旨在描述目前这一背景性状态的话，那么 maintenant "现在" 则旨在给出 "现在接下来要发生的变化"，Tu es libre / es-tu libre + maintenant 的潜台词是 "刚才你没有空，现在你有空了吗？" 这与本文场景所需语义不符。

4）通常，问号后面的句子首字母要大写。例外的情况仅有如下几种：

－问号在直接引语中，问号后紧跟 "某某说" 之类的叙述话语，例如：Est-ce qu'il vous aime ? s'écria-t-elle dans sa folie. "'他爱您吗？'她疯了似的喊道。"

－选择，例如：Combien a-t-elle d'enfants ? deux ? trois ? ou bien quatre ? "她有几个孩子？两个？三个？还是四个？"

- -

2. 1）标准稿 De quoi s'agit-il ? 的汉语译文是 "有什么事啊？"，这句话并没有逐字翻译 "有什么可以帮你的？"，之所以这么处理，基于三方面的考虑：

- 从上下文来看，迪迪埃只是想咨询一些情况，并没有寻求 "帮助"。在法语 en quoi je peux t'aider 中的 aider 可以指 "很大的帮助"，给人的感觉是 "迪迪埃找小华就是为了让小华帮助自己"，这似乎有点过于直接了；

- 假定我们的法语水平欠佳，翻译不出这句汉语语句，那我们就得采用 "关键词提炼法" 予以处理：在 "有什么可以帮你的？" 这句话中，除了口吻客气以外，关键词就是 "什么"。我们只要把 "什么" 表达出来就可以了；

- "有什么事啊？" 我们可以译为 qu'est-ce qu'il y a ? 或 qu'y a-t-il ?。因为这些法语语句或者在汉语中没有绝对的相应语句，或者学生会首先想到那些更常用的语句。所以，为了增加学生的语言知识储备总量，标准稿做了如此处理。

2）学生译文 Qu'est-ce que je peux t'aider ? 存在很严重的语法错误：qu'est-ce que "什么"，疑问词，问物，在句中做直接宾语。Qu'est-ce que je peux t'aider ? 中的 aider 是直接及物动词，后面的宾语是人，而不是物，所以 Qu'est-ce que je peux t'aider ? 里多了一个宾语，而且 qu'est-ce que 不能做 aider 的宾语。

注意：虽然汉语会有 "我能帮助你什么" 这样的双宾语句型，但法语中及物动词后跟两个直接宾语的案例极少，希望同学们千万注意。所以必须把 qu'est-ce que 去掉，句子方可成立: je peux t'aider ?但是疑问句主谓语没有倒装，属于非常不符合法语规范的口语句型。

中文原稿：

哦，是迪迪埃啊，当然有空，有什么可以帮你的？

标准稿：

Oh, bien sûr. De quoi s'agit-il ?

学生稿：

Oh, Didier, bien sûr, qu'est-ce que je peux t'aider ?

【学生提问】

Oh, c'est toi, Didier, bien sûr que j'ai du temps. 这样翻译可以吗?

【教师回答】

bien sûr que j'ai du temps 是非常口语化的句型。规范法语说 j'ai du temps, bien sûr 或 j'ai bien sûr du temps。bien sûr que oui 或者 bien sûr que non 依然属于非常口语化的句型,最好改成 Oui, bien sûr 或者 Non, bien sûr。

【学生提问】

为什么不把"哦,是迪迪埃啊"翻译出来?

【教师回答】

因为他们两个人很熟,而且前句 Allô, c'est Xiaohua, es-tu libre ? Je voudrais te demander quelques informations 给人很着急的感觉,所以标准稿省略了"是迪迪埃啊"。当"小华"知道了原来"迪迪埃"只是想出去玩,并不着急时,"小华"就说了 Dans ce cas "如果是这样、在这种情况下",以缓和语气。

- -

3.　关于标准稿的说明:

1)"是这样的"在法语中并没有完全对应的表达,法语有口头语 alors "那个",有时也可译为"是这样的",通常用在回答较难的问题前需要先考虑一下,然后再予以回答的场景中,但中文原稿在此处却是对话的开始,迪迪埃因为想咨询而打电话,肯定是事先想好的,不会现场想,因而没有必要转换"是这样的",没有必要说 alors。

2)Je souhaiterais 是条件式现在时,在此使用条件式现在时,旨在礼貌地表示 je "我"的 souhait "愿望"。倘若使用直陈式现在时,则是将这一 souhait "愿望"视为既成事实,给出的潜台词是"这一 souhait 是必须要实现的",给听者以强加于人的感觉,不太礼貌。**注意:** 凡是要表达打算做的、而且需要他人帮助的事,

中文原稿:

是这样的,我刚来中国不久,对中国的交通不是很了解,我想去上海的周边游玩,但是不知道该如何选择出行工具。我想省时省力,但不想开销太大。

标准稿:

Je viens d'arriver en Chine et je ne connais pas les transports chinois. Je souhaiterais me promener aux alentours de Shanghai, mais je ne sais pas quel moyen de transport utiliser. J'aimerais bien en utiliser un qui ne coûte pas cher et qui soit rapide.

其动词谓语均应当使用条件式现在时，以表礼貌。切记切记！

3）"不知道该如何选择出行工具"转换成法语为 je ne sais pas quel moyen de transport utiliser；其中 moyen de transport 可以解释为"交通工具、出行工具"；

4）ne pas savoir + 特殊疑问词 + 动词不定式，例如：Il ne sait pas où aller "他不知道去哪里"、Ils ne savent pas quoi faire "他们不知道干什么"，等。

5）如果定语从句作为决定条件修饰的是由不定冠词引出的名词，定语从句的谓语动词须使用虚拟式。

学生稿：

Voilà. Je suis en Chine depuis peu. Je ne connais pas la circulation en Chine bien. Je voudrais voyager autour, mais je ne sais pas comment choisir le moyen de transport. Je veux dépenser peu de temps et peu d'effort mais aussi peu d'argent.

学生稿的问题较多：

1）voilà 用错了。voilà 用于总结，相当于汉语的"说完了"、"你说对了"。

2）Je suis en Chine depuis peu. 只用 peu 是不够的，要用 peu de temps。

3）Je ne connais pas la circulation en Chine bien 这句话中的 bien 位置错了。程度副词在句中应直接跟在谓语动词后面，倘若有宾语或状语，则放置在宾语或状语前面。故 Je ne connais pas la circulation en Chine bien 应改为 Je ne connais pas bien la circulation en Chine。

4）circulation 选词错误。circulation 如果用于交通的话，是指某条道路上或某个区域内车子或人员来来去去的状况，票价、车内的舒适度、抵达何处等不在讨论范围之内。

5）倘若 Je ne connais pas la circulation en Chine 成立，那其中的 en Chine 则是地点状语，地点状语表示谓语动词动作发生的地方，所以 Je ne connais pas bien la circulation en Chine 给出的语义是"我在中国不了解交通情况"，法语受众无法正确理解。故 Je ne connais pas bien la circulation en Chine 应改为 Je ne connais pas bien la circulation chinoise。

6）Je voudrais voyager autour 中的 voudrais 应该改为 souhaiterais，因为 voudrais 是互动性的，通常用于对话中，用于礼貌地征求对方的同意。

7）Je voudrais voyager autour 中的 voyager 选词错误，voyager "旅行"，一般都是距离较远的旅行。**注意：**无论汉语怎么表达，凡遇到"旅游"一词的重点在"游"字上，即强调在目的地游览，而不是强调乘坐交通工具的那段旅程，我们都要用 se promener 来转换。

8）Je voudrais voyager autour 中的 autour 选词错误：autour 是"围绕、在……的四周、在……的周围"的意思，给人"围绕上海滩兜圈子"的感觉。

9）Mais je ne sais pas comment choisir le moyen de transport 是一个不正确的说法：

- 第一，因为 comment 是指动词动作发生的方式，可以理解成"站着选、坐着选、和别人一起选……"，而这里所讨论的是"该乘坐什么交通工具"。**注意**：汉语中的"如何"、"怎么办"经常是"什么样的、哪一种、哪一类、哪一个"、"应该做什么"，转换成法语时，应当使用 quel（疑问形容词）或 que（表示事物的直接宾语疑问代词）。例如："如何选择出行工具"应当理解成"选乘哪一种交通工具"，法语应当转换成 quel moyen de transport prendre。再例如："他不知道怎么办才好"il ne sait plus que faire。

- 第二，其中的 le 单数定冠词用错了。首先是因为不能使用单数，我们出行乘坐交通工具，有可能只乘坐一次，但也有可能乘坐多次，有可能只乘坐一种，但也有可能乘坐不同的几种。其次，我们在上文中并没有提及过"这一交通工具"，而且也不是"世界上唯一的交通工具"。但是也不能使用复数，因为我们出行也有可能乘坐一种或一次交通工具，所以在这里应当避开单复数的考量。

- 第三，Mais je ne sais pas comment choisir le moyen de transport 中的 choisir"选择"使用得不太妥当，实际上，"如何选择出行工具"应当理解成"选乘哪一种交通工具"，在进行汉法转换时，译者应当将聚焦点落在"乘"上，因为"选"的语义在 quel"哪一种"中已经得到了覆盖。

10）Je veux dépenser peu de temps et peu d'effort mais aussi peu d'argent 中有四处错误：

- 第一，veux 使用不妥：veux"要"是直陈式现在时，语气很重，表达的是一种强烈的愿望，似乎这一愿望得不到满足，他就会去自杀一样。所以，应当改成条件式，以婉转地表达自己的愿望。

- 第二，dépenser 搭配错误：dépenser 不能和 temps、effort 搭配。temps 和 effort 可以用 investir 配合。

- 第三，aussi"同样、一样"是多余的：从意思上说，mais"但"已经表达了转折，汉语因为修辞的需要，有"但同样也"的句型，但在法语中只要单说 mais 就可以了。

- 第四，peu de 用错了：peu de 的语义是"很少，少到几乎没有"，表面上是肯定，但从说话人的语气上看，实际在否定。而这里还是有肯定的。

【学生提问】

"对中国的交通不是很了解"能否转换成 je méconnais les transports chinois？

【教师回答】

不妥，因为 méconnais（←méconnaître：Ne pas comprendre, ne pas voir les qualités de, ne pas apprécier à sa juste valeur "看轻、不赏识、低估"[1]）与本文场景所需语义不符。

【学生提问】

Alors, il y a peu de temps que je suis arrivé en Chine, donc je ne connais pas très bien le système de transport public en Chine. J'ai l'intention de faire un tour des environs de Shanghai, mais je ne sais pas comment choisir le moyen de transport. Je voudrais gagner du temps et m'épargner des efforts à condition de ne pas dépenser trop. 可以这样翻译吗？

【教师回答】

1）总评：关于 alors、il y a peu de temps que je、donc、comment choisir le moyen de transport 以及 je voudrais 的不妥之处，请参见上文对这几种表述的解释。

2）...je ne connais pas très bien le système de transport public en Chine 中的 le système de transport "交通体系、交通系统"错了。le système 后面的 transport 应当使用复数定冠词 les：le système des（= de + les）transports。之所以要用复数，是因为 transport 是指"把东西或人运送到另一个地方去"，引申义为"运输、交通"，中国的交通体系由很多种交通方式构成；之所以要用定冠词是因为这一体系涵括所有的交通方式。有的同学会问：是否可将 transport 视为 système 的定语，说明性质：système de transport？答案是：依然不可以。因为这里说的是"所有交通构成了这一体系，是这一体系管理着全部的交通"。如果非得说 système de transport，那么就意味着这个 système 里不仅含着 transport 的内容还包含着其他方面的东西。

3）汉语的"公共交通"是指大家可以一起乘坐的交通工具及乘坐交通工具这一行为，法语转换为 moyen(s) de transport en commun，指"大家一起乘坐的交通工具"。虽然 transport public 也成立，但指的是"公众都可以乘坐，

---

① 《拉鲁斯法汉词典》，北京：商务印书馆，2014。

但不能大家一起乘坐"。而且，transport public 相对于 transport privé "私家车交通"，这两种交通方式都与本文场景所需语义不符。

4）"在上海周围游玩"如果一定要用 faire un tour + les environs de Shanghai 予以表达，那就得用 faire un tour aux（à + les）environs de Shanghai 或 faire un tour dans les environs de Shanghai，"在上海周围"在此只能做地点状语，而不能做定语。

5）"我想省时省力"是"节省一些时间""不花费很多时间"的意思，而 gagner du temps 是"赢得时间、把时间赚回来"的意思，是人在主动地节约时间、赶时间，用在这里语义有些过重。

6）Je voudrais gagner du temps et m'épargner des efforts à condition de ne pas dépenser trop，和中文原句相比，这句话所表达出来的意思有着巨大的出入："只要（作为先决性条件）不花费太多，那我就想赢得时间和省力"。换句话说，"如果花费多，那我可以不赢得时间和不省力"。

7）...à condition de ne pas dépenser trop 中的 dépenser trop 后面缺少宾语。

 【学生提问】

C'est comme ça : puisque je suis en Chine depuis peu de temps, je ne suis pas très familier du transport chinois. J'ai l'intention de faire des visites autour de Shanghai, mais je ne sais pas quel moyen de transport je puis choisir. Je voudrais que ça économise le temps et l'effort, mais à un prix pas trop élevé. **可以这样翻译吗**？

 【教师回答】

1）C'est comme ça "就是这样的"，可以用于总结，表示"我说完了，没办法了"，但在这里我们却还没有开始叙述呢！这里所需要的是少许停顿、略作思考、理一下思路，然后马上开始叙述。所以 C'est comme ça 用在这里很不合适。

2）je ne suis pas très familier du transport chinois 这句话的错误很严重。首先，相对于中文句子表达的意思，familier 这一词的语义过重，中文句子说的是"不是很了解"，而 familier 却是"很熟悉、习惯、习以为常"。其次，请同学们注意 familier 的基本用法：A est familier à B，"被熟悉的东西"做主语，"熟悉这样东西的人"作间接宾语，是 B "熟悉" A，而绝不是 A "熟悉" B。"老蔡很熟悉这个街区"的法语正确表达是 Ce quartier est familier à CAI Huaixin。学生建议的这个句子 je ne suis pas très familier du transport chinois 变成了"中国交通熟悉了我"。

3）"中国交通"不能使用单数，因为法语的 transport 这一词语的本意是"运输、运送、搬运"，也可以用作"输送、交通"的意思，但必须要使用复数。而且，transport "交通、运输"是 transporter 的动名词，本文场景中的"中国交通"是讨论交通工具、交通体系的物理构成，故应改为 moyens de transport en commun。

4）Shanghaï 最好改成 Shanghai，以 ï 结尾的 Shanghaï 给人的感觉很怀旧，因为过去法国人都是这么书写的，现在法国报刊在写给法国本地人看的文章中，有时也用 Shanghaï，以照顾老派法国人在讲到中国上海时的语言接受习惯。以前还有些法国人写成 Changhai（这倒是更符合法语的读音和拼写法）。但到了现在则全部写成 Shanghai 了。

5）mais je ne sais pas quel moyen de transport je puis choisir 中的 puis 应当改成 peux，je peux 遇到疑问句倒装时，一定得说 puis-je。这里不需要倒装，用 peux 即可。

6）je voudrais que ça économise le temps et l'effort 这一法语表达中存在着两个错误：首先是定冠词用错了，因为前面没有提及过，而且也不是全部的 temps 和全部的 effort。如果一定要使用 économiser、temps 和 effort 的话，那就得说成 économiser du temps et des efforts。temps 用作"部分时间"时，是不可数名词，得用部分冠词 du，而 efforts 是可数名词，复数不定冠词是 des。其次是不应当选用 effort。effort 是"努力、尽力、竭力、用力、使劲"，凸显"力"，比较具体化，和中文原稿"省力、不要太累"很不一样。我们可以改成 économiser de l'énergie。

7）mais à un prix pas trop élevé 这一表达用在口语里可以，但不宜用在正式的场合，因为 un prix pas trop élevé 是一个不完整的句子。完整的句子是 un prix qui ne soit pas trop élevé。soit 是动词 être 的虚拟形式。如果定语从句修饰的是带不定冠词的名词，那从句的谓语动词必须使用虚拟式。

【学生提问】

transport、trafic、circulation 和 communication 都可以理解为"交通"，它们之间有何区别？

【教师回答】

transport 说的是"交通"里的运送、运输；trafic 说的是"交通"里的人次、车次、航班次数的总量；circulation 说的是车流、人流、航班流运行的状况，而 communication 则说的是"传授、告知、传达、传播、通信、交通"，着重转达和连接。比如，若用 je ne connais pas très bien le trafic chinois 来转换"对中国的交通不是很了解"这句话，那就成了"我对中国交通总量不是很了解"。

---

4. 关于标准稿的解释：

1）根据上下文，中文原稿的"哦，如果……"是表示"我听明白了，在这种情形下"的意思，所以标准稿就给出了 Dans ce cas… 的法语转换。

2）disposer de 是"拥有"的意思，我们当然可以用 il y a，但不能用得太多，写作时应该要避免重复。

3）désormais "从此以后"，用于凸显变化，强调此后不同以往。

4）Tu pourras trouver facilement un plan de métro dans toutes les stations, sur lequel il y a toutes les correspondances et les horaires 中的（sur）lequel 是关系代词，但后跟的不是定语从句，而是为了避免重复，借用了关系代词 lequel 以便达到使表述简练的目的。

关于学生稿的讲评：

1）si tu voyage en banlieue de Shanghai 中的 voyage 的词末要加上 s。第一组动词的直陈式现在时第二人称单数变位是以 s 结尾的。

2）郊区、近郊游玩是当天就可以来回的近距离旅行，通常不用 voyager 这一动词。

3）si tu voyages en banlieue de Shanghai 中的 en banlieue 用得不妥当。法语介词 en 可以后跟国家、大洲、地区等名词用作地点状语，例如：en Chine、en France、en Asie、en Afrique、en Normandie、en Alsace 等。但是，en banlieue 的介词 en 却要求后跟的名词参与谓语的动作，也就是说 en 前后的词语应当是同一性质的，例如：我们说 je me suis bien reposé en weekend "周末我休息得很好"，"周末"用来"休息"名正言顺，很自然，没问题。如果我们说"周末我上班了"j'ai

中文原稿：

哦，如果你选择去上海近郊游玩，可以选择地铁，如今上海有 20 条线路，通往上海各个角落，你可以在随便一个地铁站找到地铁的指引图，上面有清晰的换乘信息与时刻表，简直方便极了。

标准稿：

Dans ce cas, si tu veux te promener dans la banlieue de Shanghai, tu peux prendre le métro. Shanghai dispose désormais vingt lignes de métro et elles desservent tous les coins de Shanghai. Tu pourras trouver facilement un plan de métro dans toutes les stations, sur lequel il y a toutes les correspondances et les horaires. C'est vraiment pratique.

学生稿：

Oh, si tu voyage en banlieue de Shanghai, tu peux prendre le métro. Il y a vingt lignes de métro à Shanghai maintenant, et elles desservent tous les coins à Shanghai. Tu peux trouver le plan du métro dans toutes les stations de métro. On y trouve l'horaire des lignes et la correspondance très claire. C'est pratique.

travaillé en weekend，那就会显得不妥当，因为周末本应是用来休息的，而不是用来上班的，如果坚持说 j'ai travaillé en weekend，那就有点自虐狂之嫌了。所以，正确的表达是 j'ai travaillé pendant ce weekend。我们可以说 J'habite en banlieue "我住在郊区"，给出的潜台词是 "郊区的自然环境好，天人合一，我住在郊区是一种很和谐的居住方式"。根据以上的逻辑推理，这里应当把 si tu voyages en banlieue de Shanghai 改为 si tu voyages dans la banlieue de Shanghai，因为迪迪埃只是想去近郊游玩而已，并没有居住在那里的打算。而且 en banlieue 是相对于 en ville 而言的，通常不能再被 de Shanghai 限定。因此，如果说学生译文这句话成立的话，那也是非常口语化的表达。所谓 "非常口语化的表达" 是指可以达意，但在语法、逻辑或惯用法等层面上存在较大缺陷的表达方式。

4）elles desservent tous les coins à Shanghai 中的介词 à 用错了。à Shanghai "在上海" 是地点状语，那么 tous les coins 就一定是 "其他东西" 而非地点状语了，只不过这些 "其他东西" 都 "在上海"，但中文原稿需要我们表达 "上海的所有角落"，应该改成 tous les coins de Shanghai。

5）Tu peux trouver le plan du métro dans toutes les stations de métro 中的谓语动词 peux 最好改成 pourras，因为 peux 是直陈式现在时，好像听话人现在就得去办这件事一样，语气太重。

6）Tu peux trouver le plan du métro dans toutes les stations de métro 中还有两处错误：

- 第一，le plan 单数定冠词用错了，首先是因为在所有的地铁站里不可能只有一张地图，而且上文也没有提及过。虽然地铁图的图案可能都相同，但我们依然无法使用定冠词，因为这里主要指车站提供了许多份地铁图供旅客取用。

- 第二，plan du métro 的 du 用错了，plan du métro = plan de + le métro。métro 前使用了冠词，就让前面的名词内容变成了 métro 的隶属物了。这里我们需要表达的是 métro 就是 plan 的内涵，所以不能加冠词。

7）On y trouve l'horaire des lignes et la correspondance très claire 中的 l'horaire 和 la correspondance 的单数定冠词用错了，如果这句话是成立的，那整个地图上就只标了一个地铁车辆的出发时间和一个换乘站。所以得改成定冠词复数。另外，如果 On y trouve l'horaire des lignes et la correspondance très claire 是成立的，那译成汉语就是 "在地图上可以找到被阳光照射得很亮堂的那个线路时刻和那个换乘"。中文原稿 "上面有清晰的换乘信息与时刻表" 的这一表述可以理解成 "所有的时刻和换乘信息都标在上面"，"清晰" 是多余的。

【学生提问】

标准稿两次使用 pouvoir，但为何一次是 peux，而另一次为 pourras？

【教师回答】

Si tu veux te promener dans la banlieue de Shanghai, tu peux prendre le métro "如果你选择去上海近郊游玩，可以选择地铁"是说"你现在就可以去坐地铁"。而 Tu pourras trouver facilement un plan de métro dans toutes les stations "你可以在所有地铁站找到地铁的指引图（即：你可以在随便一个地铁站找到地铁的指引图）"说的是"以后，你进到地铁站里面，将会找到"，是将来一定会发生的故事。

【学生提问】

Oh, si tu veux voyager aux alentours de Shanghai, choisis le métro. Il y a vingt lignes à Shanghai qui aboutissent à tout coin de Shanghai. Tu trouveras dans n'importe quelle station de métro le plan sur lequel sont clairement marqués la correspondance et les horaires de métro, c'est très commode. 这样翻译可以吗？

【教师回答】

1）关于 choisis、dans n'importe quelle station de métro、le plan、la correspondance，请参见上文对这几种表述的解释。

2）Il y a vingt lignes à Shanghai qui aboutissent à tout coin de Shanghai. 这句句子可以有两种诠释：第一，"上海有十多条可抵达上海各个角落的线路"，那么言下之意，就可能"还有其他的线路不抵达上海的各个角落"；第二，"上海有十多条线路，均抵达上海各个角落"。前者的 aboutissent 作为定语从句修饰"十多条"这一数量不定的概念，所以其谓语动词使用虚拟式，但在这里是看不出来的，因为 aboutir 的第三人称复数的直陈式现在时和虚拟式现在时拼写形式相同。

3）Il y a vingt lignes à Shanghai qui aboutissent à tout coin de Shanghai 中的 aboutissent à..."到……那一终点结束"，这一选词是有问题的，它意味着这 20 条地铁线都以上海的角落为终点，而且市中心还不能成为终点站。但中文原稿的意思是"通往上海各个角落"，可能"还要越过这些角落，去到另外的地方"，也没有排除市中心作为终点站的可能。

4）Il y a vingt lignes à Shanghai qui aboutissent à tout coin de Shanghai 中的 tout 选词错误。tout coin de Shanghai "上海任何一个角落"，强调 "无论是什么性质的角落，只要是角落就可以"，语气太重。

5）c'est très commode 应当改成 c'est très pratique。**注意：** pratique 和 commode 的区别。pratique 有 "想做就做，不想做就可以不做" 的语义。表示一种状态，是具有 "航空母舰" 性质的 "方便"；而 commode 则强调动作性，是具有 "舰载机" 性质的 "方便"，例如有人在你开车时打电话进来，你回答说 "我在开车，现在不方便接电话" 就应当使用 commode：Je suis au volant, ce n'est pas commode de te parler au téléphone。关于 "航空母舰" 和 "舰载机"，参见本书第 18 页注释 ①②。

----

5. 学生译文中 est 需要改成 était，因为 "听说" 的是当时的情况不是现在的情况，这在宾语动作产生前已经有了。而且，因为主句是过去时，那么从句的时态就必须与主句的时态配合，在本句中就必须变成未完成过去时。确实，有些法国人也在 J'ai entendu dire que... 后面使用现在时，但这在追求法语规范化的法国人看来，属于口语化的表达方式。

中文原稿：

我听说了，上海的地铁相当方便，但是听说也非常拥挤。

标准稿：

J'ai entendu dire que le métro était très pratique à Shanghai, mais qu'il était encombré.

学生稿：

J'ai entendu dire que le métro de Shanghai est pratique mais encombré.

 【学生提问】

J'ai entendu dire que le métro Shanghaïen est pratique mais que l'on est aussi serré comme des sardines en métro. 这样翻译可以吗？

 【教师回答】

1）le métro Shanghaïen 可以是 "上海式样、上海风格的地铁"，但这里的上海只是一个地点状语，用 à Shanghai 表达更正确。

2）mais que l'on est aussi serré comme des sardines 中的 aussi 是没有必要的。因为 aussi 是 "也是、同样" 的意思，那就意味着存在着一个相比较的东西，而这里并不需要进行比较。

3）我们可以说 Je suis en métro "我正在乘地铁"，这里的介词 en 实际上相当于一个动词，表示"正在乘坐地铁中"。但中文原稿里的"非常拥挤"是说"地铁里非常拥挤"，"地铁"是地点状语，因此用 en métro"正在乘坐地铁中"这样的表达是错误的，应当用 dans le métro。

【学生提问】

comble、bondé、encombré、entassé、serré **之间有什么区别**？

【教师回答】

确实，这五个词都有"挤"的语义，但是除了 comble 之外，其余的四个都是动词过去分词用作形容词。具体区别如下：

- comble："盛满的、挤满的、满座的"。主语为空间，后面没有补语。相对于某个标准，不能再多了，客满了。comble 比 bondé"挤满"的程度略轻。

- bondé："塞/挤得满满的"。这一词语的"满"表现真的很满，三维空间都占满了。但是用于形容地铁上乘客很多，有点夸张，属于口语。主语也是某个空间，补语一般是表示人的名词。与 comble 相比，bondé 的意思程度更重，表示场所或车内的人挤得爆满的状态。

- encombré："充塞的、拥挤的、堆满的"。主语是某个空间，可以是某个封闭的空间，也可以是某个平面，后跟的补语可以是人也可以是物，例如：magasin encombré de marchandises"堆满货物的仓库"、table encombrée de livres"堆满书的桌子"、gare encombrée de bagages et de voyageurs"满是行李和旅客的火车站"。法国人经常使用其现在分词 encombrant 来表示"体积大的、占地方的、阻塞的"。

- entassé："拥挤的、成堆的"。主语是乘客。entassé 用在本文中，就更加口语化了：这是因为 entassé 是"上下堆叠在一起"的意思，非常形象，有点夸张，属于非常口语化的表达。

- serré："绷紧的、贴紧的、靠紧的、挤紧的"。主语为乘客，而且任何人之间贴得很紧，因此有 être serré comme des sardines 的比喻说法：Les voyageurs sont serrés comme des sardines dans l'autobus"公交车里乘客们挤得像罐头里的沙丁鱼"。

6. 学生稿的 en toutes pleines 这一表述在法语中不存在。但如果只说形容词 toutes pleines，法国人还是可以理解的，不能有介词 en。

中文原稿：

没错，在高峰期，许多线路都处于饱和状态。

标准稿：

C'est vrai. Aux heures de pointe, beaucoup de lignes sont saturées.

学生稿：

C'est vrai. Beaucoup de lignes sont en toutes pleines aux heures de pointe.

【学生提问】

Oui, c'est vrai, aux heures de pointe, il y a une saturation d'affluence sur de nombreuses lignes. 这样翻译可以吗？

【教师回答】

我们可以说 les lignes sont saturées "线路都饱和了" 或 il y a de l'affluence sur de nombreuses lignes "很多线路上人都很多"，但是 saturation d'affluence 是错误的说法，因为 saturation 已经是 "饱和" 的意思了，后面一般跟 "饱和" 的实际主语，saturation du marché "市场饱和"、saturation d'une autoroute "高速公路饱和"，如果后面一定要说明 "饱和" 的内含，那就得说 saturation du sol en eau "地面水饱和"，所以 saturation d'affluence 是错的。

【学生提问】

C'est vrai. Aux heures de pointe, nombre de lignes sont dans un état de saturation. 这样翻译可以吗？

【教师回答】

nombre de "很多" 是一个很高档的表达方式，但要更标准表述的话得用 un grand nombre de，这两种表述的语层都要高于 beaucoup de。dans un état de saturation "处于一种正在饱和的状态中"，也是一个正确的表述，但和我们需要表达的意思有些差距。

【学生提问】

C'est vrai, aux heures de pointe, de nombreuses lignes sont en état saturé. 可以这样说吗？

【教师回答】

这句表述也是正确的，en état saturé 中使用了过去分词 saturé，表示一个已经存在的状态。

---

7. 关于标准稿的解释：

1）"可是，如果我想去上海以外的城市游玩呢？"中的"可是"旨在改变话题。如果使用转折连词 mais 来转换"可是"，从法语句法来看，表示 mais 之后句子的语义与 mais 之前句子的语义有转折或反转。但此处与上文并无语义转折或反转。故标准稿省略了对"可是"的转换。

2）从上下文来看，"迪迪埃"想去郊区游玩是比较肯定的事，而去上海以外的城市游玩，却不是非常地肯定，所以标准稿采用了条件式：Si je devais aller visiter d'autres villes au-delà de Shanghai, devrais-je...。其中，devrais-je 是条件式现在时，而 Si je devais aller visiter... 是条件假设从句，其谓语动词使用未完成过去时。

3）汉语"流行"是广泛传布、盛行的语义，但在本文场景中实际是"经常被使用"的语义，所以标准稿转换成 fréquemment utilisés。

关于学生稿的讲评：

总评：学生稿的这段法语文字写得不错，错误较少。但有两点需要解释一下：

1）Qu'est-ce que je dois faire si je veux visiter d'autres villes outre Shanghai 中的 outre 是语层较高的正式用语，意思相当于 en plus de，后者为日常用语。

2）Qu'est-ce que je dois faire si je veux visiter d'autres villes outre Shanghai 中的 dois 最好改成 devrai 将来时，因为现在时表示现在就已经应该在做了，

中文原稿：

可是，如果我想去上海以外的城市游玩呢？我应该先坐地铁再换乘公交车吗？公交车在中国是不是很流行？

标准稿：

Si je devais aller visiter d'autres villes au-delà de Shanghai, devrais-je d'abord prendre le métro et ensuite prendre le bus ? Est-ce que les bus sont fréquemment utilisés ?

学生稿：

Qu'est-ce que je dois faire si je veux visiter d'autres villes outre Shanghai ? Je dois d'abord prendre le métro et ensuite le bus ? Est-ce que le bus est populaire en Chine ?

而将来时可以给我们一个缓冲时间。

3）populaire 有两个意思：一，流行的；二，社会低层的。但白天乘坐公交车，并不是一个流行现象；白天乘公交车的人也并不是社会低阶层的人。

【学生提问】

sauf 和 à part 都是"除了"的意思，两者之间有何区别？

【教师回答】

这两个词语都有数个不同的用法：

- sauf（除了……以外、……除外、除非、除非有、不排除……的可能、保留……的权利、只是、要不是，等）在用作"除了"的语义时，后跟词语所指代的内容不参与谓语动词的动作，例如：Tout le monde est venu sauf les malades "除了病号，大家都来了"，Il a tout perdu sauf l'honneur "除了名誉，他一切都丧失了"。

- à part（与众不同的、特别的、单独的、分开的、除了……以外、除去、在某某心里、在某某内心深处）在用作"除了"的语义时，是从 mettre à part "先放在一边不予以讨论"引申而来，比 sauf 更加常用、更为口语化。而且通常只能后跟人称代词，例如 à part toi, personne n'est au courant "除了你，没有任何人知道"、à part vous, je n'ai pas d'amis "除了你们，我就没有朋友了"。

实际上，sauf 和 à part 作为介词或介词短语，之间的语义差别并不大。而且都很常用，如果相互替换，也不会造成语义谬误。

【学生提问】

Mais si je désire faire des excursions aux autres villes en plus de Shanghai, dois-je prendre d'abord le métro et puis le bus ? Le bus, c'est courant en Chine ? 这样翻译可以吗？

【教师回答】

1）Mais si je désire faire des excursions... désirer "希望、愿望、渴望、欲望"是一个语义很重的词，而且还使用了直陈式现在时，语气显得太重了，给人的感觉是"如果不同意他的要求，那他就去自杀了"。

2）aux autres villes en plus de Shanghai... 这句话从对应的汉语意思的角度看似乎没有问题："除了上海以外的其他城市"。但是，仔细分析就有问题了：autres "其他的"，和什么相对呢？不可能和"上海"相对，因为上海已经被 en plus de 绑定了。

3）aux autres villes en plus de Shanghai... 中的 aux 是 à（介词）+ les（复数定冠词）的组合，那么 les villes 就是除上海以外的所有城市，但这是不可能的事，所以应当采用不定冠词 des，表示部分。而且，地点状语名词一旦被 autre/autres 修饰限定，引导地点状语的介词应当用 dans；再说，城市通常较大，去游玩通常在城内溜达，介词也应当使用 dans "在……里面"。

4）Le bus, c'est courant en Chine 应当去掉 ", c'" 改为 Le bus est courant en Chine 或 Le bus est-il courant en Chine。否则就多了一个主语。

5）Le bus, c'est courant en Chine 中的 courant 选词错误：courant 有很多意思，但倘若用于"常用"的语义，一般只能用在 vie courante "日常生活"、langage courant "常用语"，而"公交车在中国是不是很流行"只能用 fréquemment utilisés。

6）Le bus est-il fréquemment utilisé en Chine 最好改成 Les bus sont-ils fréquemment utilisés en Chine 因为公交车有很多，用复数可以使之具体化，对方理解起来更顺畅。

 【学生提问】

Mais si je compte visiter les autres villes hors de Shanghai ? Il faut que je prenne le métro d'abord et ensuite l'autobus ? Est-ce que l'autobus est fréquenté en Chine ? 这样翻译可以吗？

 【教师回答】

1）关于 les autres villes 的解释，请参见上文。

2）hors de 介词短语，表示"在……以外"，有点"赶出去"的意思，这一用法在现代法语中已经很少见，一般都以 en dehors de 取而代之了。

3）Il faut que je prenne le métro... 中的 il faut "必须"，用了直陈式现在时，语气太重。

4）Est-ce que l'autobus est fréquenté en Chine 中的 l'autobus（单数）最好改成 les autobus（复数）。

【学生提问】

Mais si je dois aller visiter d'autres villes au-delà de Shanghai, devrai-je d'abord prendre le métro et ensuite prendre le bus？为什么 "si + 现在时，主句用将来时" 不可以?

【教师回答】

首先，在本文场景中，"迪迪埃"想去上海以外的城市游玩，只是并不十分肯定的假设，并在这一假设的基础之上询问，因此，建议同学还是使用条件式较为妥当。

其次，假如脱离本文场景将"想去上海以外的城市游玩"视为肯定的事，那么就应当使用直陈式。如果使用直陈式就可能有直陈式现在时和直陈式将来时这两种可能：
- 直陈式现在时：Mais si je dois aller visiter d'autres villes au-delà de Shanghai, dois-je d'abord prendre le métro et ensuite prendre le bus 这一表达叙述现在，似乎咨询方——迪迪埃正在或马上就要出发了。但通常而言，既然是咨询如何去上海以外的城市游玩，则肯定不会现在就去或者马上就去，而是为以后打算，故在本文场景中或在类似的情境下，现在时是不可能的；
- 直陈式简单将来时：Mais si je dois aller visiter d'autres villes au-delà de Shanghai, devrai-je d'abord prendre le métro et ensuite prendre le bus 这一表达叙述将来，是说将来如果我去上海以外的城市游玩的话（这是大概率的事，是肯定会发生的），那么，我一定会如此操作。

但根据本文场景上下文，"迪迪埃"打算去郊区看看是较为肯定的，但去上海以外的地方旅游，却不十分肯定，故建议同学最好还是采用标准稿的处理方法：Si je devais aller visiter d'autres villes au-delà de Shanghai, devrais-je d'abord prendre le métro et ensuite prendre le bus ?

- -

8. 关于标准稿的解释：
1）目前在上海，对人们比较有影响力的公共交通工具，当然是地铁，其次才是公交车，故标准稿将中文原稿中的"除了地铁以外"转换成 après le métro "排在地铁之后的"。
2）"对我们影响最大的公共交通工具"的实际

中文原稿：

公交车是除了地铁以外对我们影响最大的公共交通工具，但是想要坐公交出上海旅游，仍然不是一个好的选择。

语义是"在我们日常出行中起最为重要的作用的交通工具"，故标准稿将之转换为 le moyen de transport qui joue le rôle le plus important dans nos déplacements au quotidien。

3）大家都明白公交车是公共交通工具，故标准稿省略了"公共交通工具"中的"公共"：le moyen de transport qui...。

4）dans nos déplacements au quotidien "在我们的日常出行中"这一表达在中文原稿中没有，我们之所以加进去，是因为中文原稿的汉语表达有些问题：对我们影响最大的绝对不是公交车，而是公共交通以外的什么东西。

标准稿：

Après le métro, le bus est le moyen de transport qui joue le rôle le plus important dans nos déplacements au quotidien. Cependant, ce n'est pas un bon choix de faire des excursions en bus au-delà de Shanghai.

学生稿：

Le bus est un moyen de transport qui nous influence le plus outre le métro, mais voyager en bus à Shanghai, ce n'est pas un bon choix.

关于学生稿的讲评：

1）un moyen de transport qui nous influence le plus 应改为 le moyen de transport qui nous influence le plus，因为 qui 后面的从句用了最高级，所以被修饰的名词必须用定冠词引导。

2）outre 的解释参见上文。

3）...qui nous influence le plus... 中的 influence 选词错误，因为 influencer "影响"是较长期、持续地使事物或精神发生演变，宾语通常是人。也不能用 impact，因为 impact "冲击、碰撞、振动"是猛烈、突然的、物理的。

4）voyager en bus à Shanghai 给出的语义是"坐公交车在上海旅游"，与本文场景所需语义不符。再说 voyager "旅行"通常指到较远的地方去旅行，而 en bus "坐公交车"只能在很有限的距离内运行。

　【学生提问】

Le bus occupe une impact la plus importante, si l'on y comprend pas le métro, dans notre vie. Mais ce n'est pas tout de même un bon choix de prendre un bus aux faubourgs de Shanghai. 这样翻译可以吗？

　【教师回答】

1）impact "碰撞、冲击、撞击"是阳性名词，不是阴性名词。

2）法语没有 occuper + un impact 的动宾搭配，因为 occuper "占领、占有、担当、充任、雇佣"无法和 un impact "碰撞、冲击、撞击"构成动宾搭配。

3）如果最高级的形容词放在被修饰的名词后面，那么这一名词就必须由定冠词引导。

4）comprendre le métro "理解地铁"，与本文场景所需语义不符。

5）on y comprend pas le métro 中的 y 是替代地点的副代词。被代词（包括副代词）替代的内容，必须在前面提及过，否则就不能使用。而且，这里的 y 替代什么呢？无物可替代啊！

6）si l'on y comprend pas le métro 中的否定式只有 pas 没有 ne，属于不规范的说法。

7）prendre un bus aux faubourgs de Shanghai "在上海的周边坐公交车"，而中文原稿的意思是"坐公交车到郊区去"，这里的介词 à（aux= à + les faubourgs）无法表示"到郊区去"的语义。

8）faubourg 用错了：在法国，faubourg 是指城市城墙以外的城市部分、大城市周围的、但又和大城市连接在一起的部分。而本文中却说的是郊区，主要是城市以外的地方，应当还有自然风光，包括田野、山水等。

9）Le bus occupe une impact la plus importante, si l'on y comprend pas le métro, dans notre vie 译成汉语可以是"如果在生活中我们不理解地铁，那公交车就占据着最重要的影响"，意思完全错了！

 【学生提问】

On peut le dire. L'autobus est le moyen de transport le plus influent sur notre vie à part le métro. De toute façon, il n'est vraiment pas un bon choix de voyager en dehors de Shanghaï en autobus. 这样翻译可以吗？

 【教师回答】

这段文字从法语语法的角度看没有错误，但给出的语义和本文场景所需语义却有着很大的不同，有四个地方需要讲解一下：

1）On peut le dire "我们可以这样说"，应当删除这句话，中文原稿里并没有这句话啊，转换到法语里也没有这个必要。

2）influent "有影响的、有威信的、有势力的、有支配能力的"。例句：député influent "有声望的议员"、un personnage influent dans le monde de l'édition（出版界有势力的人物）、un journal très influent（颇有影响的报纸）、être influent auprès de quelqu'un（对某人有支配能力）。influent 的"影响"指的是长期、持续的影响，并且尤其是精神、政治、道德等方面的精神影响。所以应当将 influent 换成其他的词。

3）...il n'est vraiment pas un bon choix... 中的 il 应当换成 ce：...ce n'est pas un bon choix de...，因为在 pronom impersonnel du sujet（无人称主语代词）+ être + article（冠词）+ nom（名词）的句式中, pronom impersonnel du sujet（无人称主语代词）不能用 il，而应当用指示代词 ce。

4）...n'est vraiment pas un bon choix... 中的 n'est vraiment pas "真的不是"过于强调了，似乎有人表示不同意，所以说话人努力在说服他。

【学生提问】

Le bus est le moyen de transport qui joue le rôle le plus important dans notre vie de déplacement après le métro. Mais ce n'est pas un bon choix de faire des excursions en bus au-delà de Shanghai. après le métro 可以放句子后面吗？ mais 和 cependant 有什么区别？

【教师回答】

关于 mais 表达转折语义时的几个说明（除表达转折外，mais 还有强调语气的功能）：

1）mais 的第一个字母 m 不能大写，换句话说，mais 的前面不能用句号；

2）mais 不能后跟逗号；

3）mais 也不能放在句中；

4）mais 比较口语化。

关于 cependant 的说明：cependant 没有以上限制；而且只有转折的功能。

- -

9. 学生稿基本没错，但有两个小地方需要改动一下：

1）je prends le train ? 疑问句主谓语没有颠倒，有些不妥。

2）alors 放在句首并与后跟的句子被逗号隔开，表示"那个……"，即"需要思考一下"的语义；如果是推理结论"那么"的语义，通常放置在谓语之后或整个句子的末尾。

中文原稿：

那我应该坐火车吗？中国的火车票很贵吗？

标准稿：

Devrai-je prendre le train alors ? Le billet de train est-il cher en Chine ?

学生稿：

Alors, je prends le train ? Est-ce que le billet de train est cher ?

【学生提问】

Alors je dois prendre le train ? Ça coûte cher le ticket de train ? 这样翻译可以吗？

【教师回答】

1）ça 是 cela 的缩写形式，规范法语将 ça 归为口语化表达方式，我们应当学会用 cela 替代 ça。

2）ticket 指公共汽车票、地铁票、饭票。而火车票、飞机票、船票一般都用 billet。

3）Ça coûte cher le ticket de train 中的单数定冠词 le 应当改成单数不定冠词 un，因为用了定冠词，那就只有一张火车票了，或者是上文已经提及过的那张，但在本文中，上文并没有提及过。

4）Ça coûte cher un ticket de train 是非常口语化的表达，因为 Ça 是主语，而 un ticket de train 也是主语。口语中经常会出现如下情况：代词及被其替代的名词都出现在同一句中。

- -

10. 关于标准稿的解释：

1）确实，有些法国人也说 comparé à la France...（和法国相比……）。但是，"比较"两边的事物应当是同一性质的，而句子的主语是 les billets de train，所以 comparé à 后面的名词也应当是 billets de train，而 comparé à la France...（和法国相比……）中的 comparé 后面却跟的是 la France，所以从语法上来说这是错误的。再说，因为 comparé 是过去分词做句子主语的形容词同位语，所以 comparé 还得变成复数：comparés。如果用 par rapport à，那就没有任何问题了。

2）cher 这个词在做表语表达"贵不贵"时，如果主语和谓语（être）都是复数，则 cher 是复数形式 chers；做定语时，如果被修饰的名词是复数，亦然。但如果 être 被 coûter 替代，则 cher 就成了副词，即便主语是复数名词，cher 也使用单数。

3）la périphérie 在本文场景中（la périphérie de

中文原稿：

不，相比起法国来说，中国的火车票并不昂贵，如果要出城在周边旅游，坐火车是最方便最经济的选择。

自从动车组被引进以后，往返于周边城市所需要的时间大大减少。

标准稿：

Non. Par rapport à la France, les billets de train en Chine ne sont pas chers. Si vous voulez vous promener dans la périphérie de la ville, le train est le choix le plus commode et le plus économique. Depuis que le train rapide a été introduit en Chine, le temps de transport entre Shanghai et les villes alentour a été considérablement réduit.

la ville）是指环城周围的一圈、市郊；而 le périphérique 指的是环城高速公路，相当于上海的外环线。

关于学生稿的讲评：

1）le billet de train n'est pas aussi cher en Chine qu'en France 中的 le 要改成 un：un billet de train n'est pas aussi cher en Chine qu'en France。关于定冠词要改成不定冠词的理由，请同学们参阅前面的解释。

2）Si tu voyages autour en dehors de la ville 中的 autour "周围" 是副词，en dehors de "在……之外" 是介词短语，这样的组合不妥。如果我们想让这句话成立，可以说 Si tu voyages autour de la ville "如果你围绕这座城市旅游"，也可以说 Si tu voyages en dehors de la ville "如果你到这座城市外面去旅游"。但是这两句话的意思都和中文原稿所要求的意思有出入。

3）...il est le plus pratique et le plus économique de prendre le train. 这句话是错的，因为在 il est + 形容词 + de faire 句式中，形容词不能用最高级，只能用比较级。如果一定要用的话，可以把实际主语（faire qqch 或 qqch）放在形式主语的位置上，如：le train est le moyen de transport le plus pratique et le plus économique。

4）dépenser 一般只能用在 "花钱" 上。"花时间" 用 passer du temps 或 investir du temps。

5）aller 是动词，而 retour 是名词，两个放在一起使用 pour aller et retour，不妥。而且，如果学生译文成立，那给出的潜台词不是从上海到周边城市，而是从周边城市到另外一个城市，与来不来上海无关。而原文的意思实际上是说，从上海出发到周边城市，上海是中心，至于在周边城市之间来来去去，则不是我们原文要表达的意思。

6）parmi des villes "在一些城市中间"，如果这句话是成立的，那么只 "在一些城市之间旅游，但并不一定要进城"。

7）depuis le RER a été introduit en Chine 缺少 que：depuis que le RER a été introduit en Chine。

8）RER 是 Réseau Express Régional "巴黎全区铁路网" 的简写，和我们的动车、高铁不一样。我们的动车、高铁在大城市间运营，而法国的 le RER 在巴黎大区的范围内行驶，而且 le RER 的两站间距通常相当于 le métro 四五站之间的距离，这一交通方式在我们上海目前还没有。

学生稿：

Non, le billet de train n'est pas aussi cher en Chine qu'en France. Si tu voyages autour en dehors de la ville, il est le plus pratique et le plus économique de prendre le train. On dépense moins de temps pour aller et retour parmi des villes autour depuis le RER a été introduit en Chine.

【学生提问】

Non, par rapport à celui de la France, les billets de train ne coûtent pas cher en Chine. Si l'on sort voyager aux environs d'une ville, on prend le train de préférence, ce qui est le plus pratique et en même temps le plus économique. Avec l'introduction du train composé d'une rame de voitures électriques, le temps passé à aller aux alentour et en revenir est considérablement réduit. 这样翻译可以吗?

 【教师回答】

1）par rapport à celui de la France 要改成 par rapport à ceux de la France。这是因为如果学生提问建议的这句话成立，那么法国就只有一张火车票，而且前文也应当已经说起过了。

2）par rapport à celui de la France 要把 celui de 去掉，否则的话这个价格就可以是"把整个法国卖掉的价格"。

3）Si l'on sort voyager aux environs... 如果能改成 Si l'on part voyager aux environs...，那就更好。因为 sortir 是"走出家门"的意思，而 partir 则是"出远门"，后跟"旅游"就顺了一些。当然，最好的方法是直接说 voyager：Si l'on voyage aux environs.

4）...aux environs d'une ville... 中 ville 前的不定冠词 une 用错了，因为不定冠词 une 就意味着"某一座城市、随便哪座城市"，但本文是指说话人所在的城市。更好的方法是省略掉 d'une ville。改成 aux environs。

5）...on prend le train de préférence, ce qui est le plus pratique et en même temps le plus économique 中的 ce qui est 用错了。ce qui 只能用在对前面一句或多句句子内容进行总结的前提下。如果学生提问的句子成立，那给出的语义就是"优先坐火车"这件事是"最方便、最经济的"。但实际上要表达的是"火车"是"最方便、最经济的"，所以应当改成 le train est le moyen de transport le plus pratique et en même temps le plus économique。

6）le train est le moyen de transport le plus pratique et en même temps le plus économique 中的 en même temps 是多余的，le plus pratique 和 le plus économique 只要用连词 et 链接就可以了。

7）train composé d'une rame de voitures électriques "由一列电动车箱列车组成的列车"，翻译成中文意义不通。

【学生提问】

train 和 rame 有什么区别？

【教师回答】

- train "列车、火车"：Convoi ferroviaire constitué d'un ou plusieurs véhicules remorqués par un engin moteur et utilisé comme moyen de transport "由一个动力装置牵引的、一个或多个车辆组成的并被用作运输工具的铁路车列"[1]。
- rame "列车、车组、车列"：Ensemble de wagons attelés ensemble "挂接在一起的车厢整体"[2]。

综上所述，train 主要指铁轨上的一列火车，包括火车头和火车车厢，而 rame 则主要指连接在一起的车厢。老蔡曾经为武汉天河机场交通枢纽三期改造项目和上海申通地铁公司做过汉法翻译，获知：train 通常同时指火车和地铁车辆，rame 用在地铁班列编组的专业语境中，属于专业用语。

【学生提问】

Non. Comparés à celui en France, les billets de train en Chine ne sont vraiment pas cher. Pour voyager en dehors de la ville, prendre le train, c'est le moyen le plus économique et le plus commode. Depuis que le train express(rapide) a été introduit, le temps pour aller et venir entre les villes voisines est（le temps !）largement réduit. 这样翻译可以吗？

【教师回答】

这位同学做得很好！非常感谢！唯一要解释的是：le train express 是特快，le train rapide 是快车。今天，法国国家铁路公司（SNCF Société nationale des chemins de fer français）运营的载客火车大致可以分三类：
- 时速快的是 TGV（Train à grande vitesse），直译为 "高速火车"，在全国范围内运输旅客，并且也开往周边国家；
- 时速较慢的一类是 Corail，或者叫做 Intercités，运行于 TGV 不行经的线路和不停靠的市镇；
- 还有一类是 TER（Transport express régional），时速也不及 TGV，只在大区（法国行政区划中的 région）内运行。

---

①② 《拉鲁斯法汉词典》，北京：商务印书馆，2014。

也就是说，法语中并没有与我们的"动车"和"高铁"对应的词汇。所以，我们不妨把动车转换为 train rapide，把高铁转换为 TGV。

---

11. 关于标准稿的解释：

1）标准稿"那实在太好了"用法语可以有很多种表述方法，这里转换为 fabuleux "出奇的、令人惊异的、难以置信的、庞大无比的、传奇性的"，旨在增加同学们的词汇量。

2）Je vais m'acheter les billets de train 中的 m'acheter 是"为我自己买"。**注意**：今后在使用 acheter 这一动词时，如果知道为谁买，这个"谁"就必须使用间接宾语人称代词予以说明，虽然汉语可以不用说明，能从上下文推理出来。

3）"学生证"可以转化成 carte d'étudiant、carte étudiant 或 carte étudiante，但现代法语更倾向于使用后两种表达。

关于学生稿的讲评：

学生译文 Il y a une réduction pour la carte d'étudiant 中的介词 pour 用得不好，这是因为 pour 有很多用法并会引申出很多意思。学生译文的这句法语翻译的意思是"为了这张学生证有打折吗？"正确的表达是使用介词 avec：Avec une carte d'étudiant, il y a une réduction？**注意**：应当避免将 avec une carte d'étudiant 放在句末，例如：il y a une réduction avec une carte d'étudiant？因为这会造成歧义："打折"和（外加）"学生证"都是"有没有"的宾语。如果放在句首就没有问题了，因为 avec une carte d'étudiant 就可以是一个条件了。如果是 avec ma carte d'étudiant，则可以放在最后，不会有意思的差别，因为物主形容词"我的"拯救了这个句子。但最好还是放在句首：avec ma carte d'étudiant, il y a une réduction？这是使用 il y a 最正确的说法。当然，标准稿 La carte étudiante offre-t-elle des réductions？最为典雅。

中文原稿：

哦，是吗，那实在太好了。我这就去购买火车票，用学生证可以打折吗？

标准稿：

Ah bon, c'est fabuleux. Je vais m'acheter des billets de train alors. La carte étudiante offre-t-elle des réductions ?

学生稿：

Ah, oui ? C'est très bien. Je vais m'acheter les billets de train. Il y a une réduction pour la carte d'étudiant ?

12. 关于学生稿的讲评：

1）关于outre、le train express，参见上文相关解释。

2）法国人在表达"我想不能"时，可以说 Je ne crois pas，也有人经常说 Je ne pense pas，这两个表述都含有"我不清楚，但您不妨去问一问，也许可以得到肯定的回答"的语义。Je ne crois pas 的语气要比 Je ne pense pas 重。我们也经常听到法国人说 Je ne le pense pas "我不这么认为""我不这么想"，这句话的意思和 Je ne crois pas 及 Je ne pense pas 是不一样的，Je ne le pense pas 的意思是说"我不同意你的意见或想法"。

3）il y a aussi le TGV, recherché et inventé par la Chine elle-même 中的 recherché 用错了。recherché 是动词 rechercher 派生而来的过去分词，其语义为"寻求、追求、仔细寻找、再寻找、追究、探索"，是对一个已经存在的、但还不为人所知或不为人所熟知的东西进行"rechercher"的运作。译成汉语就是"科研"，但我们不是"仔细寻找、再寻找、追究、探索"高铁这一事物。如果一定要对高铁进行科研的话，那也是对高铁内含的系统、设备、技术等组成部分进行"仔细寻找、再寻找、追究、探索"。所以用 recherché 来修饰 le TGV 是错的。而且 inventé 是"发明"的意思，是"无中生有"。这两个词放在一起，缺少逻辑。而事实上，高铁并不是中国的发明，但中国高铁却是我们中国人自己"研发"出来的，"研发"这个词转换成法语是"développer、développé、développement"。

中文原稿：

我想不能。除了动车之外，还有由我国自主重点研发的高铁。

标准稿：

Je ne crois pas. Mis à part le train rapide, il y a le TGV développé par la Chine elle-même.

学生稿：

Je ne pense pas. Outre le train express, il y a aussi le TGV, recherché et inventé par la Chine elle-même.

 【学生提问】

Je ne pense pas. Sauf le train express, il y a aussi le TGV, qui est la R&D (recherche et développement) indépandante de notre pays. 这样翻译可以吗？

 【教师回答】

1）关于 Je ne pense pas、sauf、le train express 请参阅上文解释。

2）qui est la R&D (recherche et développement) indépandante de notre pays 中的 la 用错了。如果这句话是成立的，那我们整个中国就只有这一个 R&D 了。所以，如果我们想让这句句子成立，至少应当将 la 改成不定冠词 une。

3）qui est la R&D (recherche et développement) indépendante de notre pays 中的 R&D (recherche et développement) 用错了。R&D (recherche et développement)"研发"指研发的过程，而不是研发的结果。

4）qui est la R&D (recherche et développement) indépendante de notre pays 中的 indépendante 选词错误。indépendant(e)"独立的"是说和别人没有关系的，但实际上，我们在研发过程中还是有过国际交流、对国外经验的学习、对国外技术的引进的。当然，所有这一切都是我们自己的知识产权，都由我们自己掌控。要解决这个问题，我们只要说 c'est développé par nous-mêmes "这是我们自己开发的"就可以了。

 【学生提问】

Je ne crois pas. Outre le CRH, il y a encore le TGV dont notre pays fait beaucoup d'attention à la recherche. 这样翻译可以吗?

 【教师回答】

1）关于 Je ne crois pas、outre 请参阅上文解释。

2）il y a encore le TGV dont notre pays fait beaucoup d'attention à la recherche 中的 fait beaucoup d'attention 词语搭配错误。如果一定得用 faire attention 来表达"重点、很注意"的话，那不能说 faire beaucoup d'attention，而是要说 faire très attention，这是法语词语搭配规则所规定的。

3）法语 faire attention à "小心、留心、当心"，后面一般都跟不太好的东西，我们倘若不加注意，这些东西就会成为问题来源的。但是在此却是重视高铁的发展，"注意"了以后，高铁应当得到更多的发展，所以 faire attention à 不能用在这里。**注意**：以后若需要表达"重视"或"很重视"，可以使用 attacher de l'importance à、accorder de l'intention à、accorder une grande importance à 等。

4）il y a encore le TGV dont notre pays fait beaucoup d'attention à la recherche 中的 dont 和 recherche 链接，就是 recherche du TGV，就是"追寻高铁"的意思，与中文原稿要求表达的意思相距甚远。

5）实际上，CRH 是 China Railway High-speed 的英文缩写，是指高铁（中国铁路高速列车），法语转换成 TGV。但法语却没有动车和高铁之分，故我们可以把动车转换为 train rapide，把高铁转换为 TGV。

13. 学生稿存在三个问题：

1）"早有耳闻"的"早"字不能用 avant 来表达，avant 是介词，有时也作为副词使用，但其语义是"在……之前"，用在这里无法表现说话人"早就听说过了"的意思。"早就听说过了"的"早就"应该用 déjà 来表达。

2）"早有耳闻"的"闻"字是"听说、了解"的意思，而 Je l'ai entendu 则是真的"听见他的声音"了。应当改为 j'en ai entendu parlé。

3）On dit qu'il est vraiment vite 中的 vite 应当改成 rapide，因为 vite 是副词，而 rapide 是形容词。系词 être 后的表语，通常不能使用副词，而应当使用形容词。

中文原稿：

早有耳闻，据说时速相当快。

标准稿：

J'en ai déjà entendu parler, on dit que les TGV vont extrêmement vite.

学生稿：

Je l'ai entendu avant. On dit qu'il est vraiment vite.

 【学生提问】

Informé. J'ai entendu dire que le TGV roule tellement vite.

 【教师回答】

1）这句句子中的 informé 是过去分词，被动态形容某个人，但此处形容的是谁呢？即便改成 Informé, j'ai entendu dire que le TGV roule tellement vite 也不行。形容词（包括动词过去分词用作形容词）作句子主语同位语时，表达原因。而这里无法以原因将 Informé, 和 j'ai 连接起来。

2）tellement 一般都跟 que 及其补语从句：J'étais tellement fatigué que je me suis endormi immédiatement. "当时我是那样地疲劳，以致很快就入睡了"。tellement 这个词语现在用得越来越频繁了，主要是受到英语的影响。tellement 若单独使用，后面没有 que 及从句，则属于不正确的说法。这种情况下应当把 tellement 换成 très。并且，tellement + que 最好改为 si + que，因为后者更加规范、正式。

 【学生提问】

rapidement 和 vite 之间有什么区别？

 【教师回答】

rapidement 主要凸显方式，而 vite 则突出结果。vite 比 rapidement 常用。

14. 关于标准稿的解释：

1）Le TGV est la cristallisation de l'intelligence de nombreux experts chinois travaillant dans le domaine de l'ingénierie du chemin de fer "高铁是我国铁路工程部门许多专家智慧的结晶" 中的 travaillant 是现在分词，起到的作用就等于 qui travaillent 或 qui travaillaient。标准稿之所以如此操作旨在减少法语造句中定语介词 de 的使用次数。否则，Le TGV est la cristallisation de l'intelligence de nombreux experts chinois du domaine de l'ingénierie du chemin de fer 的句式中六次出现介词 de，句子就显得过于累赘了。而 travaillant 的出现将其一分为二，可以视其两边的词群为两个不同的组合，句子因此显得轻盈。

2）ainsi que "和、以及" 是连词，相当于法语的另一个连词 et，其区别在于 et 是两边平等物的连接，而 ainsi que "和、以及" 表示 "相加、添加"，旨在标明补充性质的相加。实际上，ainsi que 之后的成分与前一句的 la cristallisation… 是并列成分，原本应当放在同一个句子中，但会导致句子过长，故将之分开并大写了 ainsi 的第一个字母，列成另外的句子。如此操作的目的也是让句子变得轻盈。**注意**：我们在法语造句时，应当学会关联词的使用，例如：aussi、ainsi que 等。同时也要注意学会如何将句子变得轻盈。

3）marquant 是现在分词，在此等于 qui marque

4）savoir-faire 没有复数的形式，故 "我国铁路部门工业技术的……" 转换为 des（de + les）savoir-faire de l'industrie ferroviaire de Chine。

5）"我国铁路部门工业技术的" 是中国同学在说话，但面对非中国人，"我国" 应翻译为 "中国" Chine。

关于学生稿的讲评：

1）il est à grande vitesse 这句话在汉语转换成法语时是没有必要的，因为法语避免重复。假定我们一定需要这句话，这句话虽然可以理解，但也显得很繁复，我们完全可以用更简练的方式予以表达，例如：Il est vraiment rapide 或（像

中文原稿：

对，时速很快，但是票价比起动车要贵出不少。高铁是我国铁路工程部门许多专家智慧的结晶，它标志着我国铁路部门工业技术的新高度。

标准稿：

Oui, mais les tarifs sont beaucoup plus élevés que ceux des trains rapides. Le TGV est la cristallisation de l'intelligence de nombreux experts chinois travaillant dans le domaine de l'ingénierie du chemin de fer. Ainsi qu'un jalon historique marquant une progression des savoir-faire de l'industrie ferroviaire de Chine.

学生稿：

Oui, il est à grande vitesse, mais le prix est beaucoup plus élevé que celui du RER. Le TGV chinois contient beaucoup d'intelligence de nos spécialistes du ministère chinois des Chemins de fer. Il est une marque de la technique la plus haute dans l'industrie des trains.

教师标准稿那样）effectivement。

2）中文原稿"对，时速很快"旨在应接上一句，同时轻微地表示感叹，而 il est à grande vitesse 只是简单的描述，有些不妥。法语中表示赞许或感叹，可以采取在句子中增加副词的方法进行，或直接只用副词。

3）le prix est beaucoup plus élevé que celui du RER 中的 prix 前的冠词 le 用错了，因为火车票价格应当是复数的概念，否则就可以诠释成只有一张火车票了。同时，prix 也用错了。prix 一般是指商品最后成交的价格，而火车票价格却会因为季节、时段、年龄、职业、身体是否有残障等的不同而发生变化，涵盖这些内容的"价格"一词，法语为 les tarifs。另外，celui du RER "RER 的价格"可以被曲解成"把 RER 卖掉的价格"，如果改成 les tarifs 就没有问题了。

4）Le TGV chinois contient beaucoup d'intelligence de nos spécialistes du ministère chinois des Chemins de fer 中的 beaucoup d'intelligence 理解错误：中文原稿"高铁是我国铁路工程部门许多专家智慧的结晶"中的"许多"是修饰"专家"的，而学生译文的"许多"却是修饰"智慧"的了。这样一来，意思就成了："专家智慧"只是形成高铁的一部分原因，还有其他的原因也促成了高铁的建成。这与原文要表达的意思不符。

5）Le TGV chinois contient beaucoup d'intelligence de nos spécialistes du ministère chinois des Chemins de fer 中的 ministère chinois des Chemins de fer 是"中国铁道部"，而中文原稿要求我们进行汉法转换的是"我国铁路工程部门"。

6）spécialistes "专业人员"指从事这项工作、懂这门技术的专业人员，也包括 expert "专家"。但 expert "专家"是水平非常高的 spécialistes，指专业方面的"大家"。

7）une marque de la technique la plus haute dans l'industrie des trains 中的 la plus haute 的位置错了，应当改为 la plus haute technique，因为如果 haut 一般都放在被修饰词之前，尤其在转义成"高级"时，就更应放在前面了。另外，这句话中的 dans 应当改为 de，最高级一般用介词 de 引出定语。

【学生提问】

Oui, mais le prix des billets est beaucoup plus hauts que celui des autres trains. Le TGV est un fruit de la sagesse de beaucoup d'experts de l'ingénierie ferroviaire de Chine. Le TGV marque un nouveau niveau de la compétence technique et industrielle du secteur ferroviaire de l' État. 这样翻译可以吗？

【**教师回答**】

1）关于 le prix、technique 的不妥，请参阅上文解释。

2）Le TGV est un fruit de la sagesse de beaucoup d'experts de l'ingénierie ferroviaire de Chine 在这句话中，最好在 Le TGV 后加上 chinois 变为 Le TGV chinois est…，以便说明 TGV 最先可能不是我们中国人发明的，但中国的 TGV 却是我们中国人自己开发的。

3）Le TGV est un fruit de la sagesse de beaucoup d'experts... 中的 sagesse 选词错误。sagesse "智慧、才智、睿智、明智、真谛、觉悟、顺从、服从、谨慎、克制"，从一些注释中我们可以看出，sagesse 的主轴语义是"明智"，而这里需要的是发明创造，所以应当改为 intelligence 比较妥当。

4）beaucoup d'experts de l'ingénierie ferroviaire de Chine 中的 ingénierie ferroviaire "铁路工程"没能把"部门"转换出来。应当改成 beaucoup d'experts du secteur ferroviaire de Chine 或 beaucoup d'experts du secteur ingénierie ferroviaire de Chine。

5）Le TGV marque un nouveau niveau de la compétence technique et industrielle du secteur ferroviaire de l'État，因为 marquer 的第一个语义是（marquer qqch. ou qqn.）"在某物或某人身上打记号"，也就是说 marquer 后面的宾语是"等待着被打上记号的物或人"。例如：我们可以说 les dossiers à envoyer aux archives sont marqués d'un A，但是我们不能说 un A est marqué sur les dossiers，遇到这一情况，我们可以改写为 un A est écrit sur les dossiers。所以最好改成 Le TGV témoigne d'un nouveau niveau de la... 那就一点问题也没有了。

6）...un nouveau niveau de la compétence technique et industrielle... 中的 compétence 用错了。compétence 是指某人经过学习或实践所掌握的能力、技能、判断力。而这里说的是"技术、工业能力"，应当用 capacité（关于 capacité 和其他几个可译为"能力"的法语词, 敬请参阅下文的"学生提问"），或者也可以说 niveau technologique 或者 savoir-faire。

7）... secteur ferroviaire de l'État 中的 État 选词错误。汉语的国家转换成法语有三个词：État、nation、pays。État 是指政体、政府、权力机构，nation 是指文化，pays 则是指地域、领土。所以这里的"国家"应当是 pays，如果采用 État，那就全是政府的事了。

【学生提问】

capacité、aptitude、compétence、faculté、savoir-faire、habileté 之间有何区别?

【教师回答】

这几个词转化成汉语，都可以是"能力"的意思，具体区别如下：

- capacité：某个人具备担任某个职务或做某件重大事情所需的各方面要素能力，也可以是某家企业的生产能力，这能力可以空置不用，属于"航空母舰"性质的能力。

- aptitude：是指针对某项职位或工作的能力、才华、天赋。我们给学生、学徒开具职业能力证明，就是用这个词：certificat d'aptitude professionnelle "职业能力合格证书"。这是"舰载机"性质的能力。

- compétence：是指某人经过学习或实践所掌握的针对某个专业的专业能力、专业技能、专业知识。所以这个词语在"专业"语义的维度上派生出了"专家、权威、权限、管辖、有关专门机构"等。

- faculté：是指某个人在某一方面能实施或承受某类特殊行为的功能、能力，可以转换成汉语的"官能、能力、才能、效能、特性"，也可以指某人知识方面的能力、禀性。一般都用复数。

- savoir-faire：专门能力、专有技术，相当于英语的 know-how。**注意**：很多西方小公司的专有技术就是 savoir-faire，一般都不会公开，不会去申请专利。

- habileté：能力、能干、灵巧，主要指将一件事做成功的聪明方法。

【学生提问】

Oui, avec une vitesse considérable, le prix en est beaucoup plus élevé que celui des trains express. Le TGV est un fruit de l'intelligence collective des experts du secteur des chemins de fer. Il symbolise une nouvelle hauteur des technologies du secteurs des chemins de fer. 这样翻译可以吗?

【教师回答】

1）Oui, avec une vitesse considérable, le prix en est beaucoup plus élevé que celui des trains express 这句话是成立的，但是 avec une vitesse considérable 是状语，成了后跟句子的原因了，而中文原稿里的"对，时速很快，但是……"却是独立的。

2）Le TGV est un fruit de l'intelligence collective des experts du secteur des chemins de fer 中的 collective 是没有必要的，l'intelligence des experts… 就已经能够说明是专家的集体智慧了，如果留着 collective，那就是说除了集体的智慧外，还有着其他性质的智慧，有点画蛇添足了。

 【学生提问】

Oui, ils sont très rapides, mais les tarifs sont beaucoup plus élevés que l'UEM est la sagesse d'ingénierie ferroviaire de nombreux experts, est de promouvoir le développement technologique de notre pays un jalon important du secteur ferroviaire de la Chine a marqué un nouveau niveau de technologie industrielle.

 【教师回答】

1）这段法语文字错误实在是太多了，根本就不可能展开解释！其中最大的问题是句子里缺少主语，而且很少甚至没有使用标点符号，法国人根本不知道这段文字在说什么，所以我们首先得根据中文原稿的意思把这段文字加上标点符号和主语：Oui, ils sont très rapides, mais les tarifs sont beaucoup plus élevés que ceux du RER. Cependant, c'est la cristallisation de l'intelligence de nombreux experts du secteur ferroviaire, c'est le résultat du développement technologique de notre pays, c'est un jalon important du secteur ferroviaire de la Chine, il témoigne d'un nouveau niveau technologique et industriel, de l'édification du socialisme en Chine, c'est une marque importante de la réalisation de la modernisation de notre pays.

2）关于 sagesse d'ingénierie ferroviaire、ceux du RER、la cristallisation de l'intelligence、le résultat du développement technologique、nouveau niveau de technologie industrielle、construction du socialisme，等等，错误实在太多了，有些我们在前面已经讲解了，这里就不展开了。

- -

15. 学生稿有四个问题：

1）Je dois prendre le TGV chinois 的直陈式现在时，欠妥，请参阅上文相关解释。

2）中文原稿"我真该坐坐高铁，感受一下中国的技术"这两句话实际上是有层次递进的，也

中文原稿：

我真该坐坐高铁，感受一下中国的技术。谢谢你的建议。

标准稿：

Je devrais vraiment prendre le TGV

就是说"坐高铁"的目的是"感受中国的技术"，所以应当使用介词 pour 予以链接，学生译文使用了连词 et，那就是并列关系了，就可以理解为"坐高铁"和"感受中国的技术"可能不是一件事，"感受"到的"中国的技术"也可以不是"高铁"方面的。

3）la technique chinoise "中国技术"，technique 可以指一般的技术，而这里所说的是"高科技"。"高科技"我们应当使用 technologie 进行汉法转换。

4）merci 若后跟名词，一般都用介词 pour 引出（虽然也可以用介词 de 引出，但这一用法越来越少见了）：Merci pour votre conseil "谢谢您的建议"、merci pour votre aide "谢谢您的帮助"；但若后跟动词，那就一定得用介词 de 引出了：Merci de bien vouloir répondre dans les plus brefs délais "敬请尽快回复"、Merci de m'avoir écrit "谢谢您给我写了信"。

注意：merci de 可以后跟动词原形：Merci de bien vouloir répondre dans les plus brefs délais "敬请尽快回复"（表示现在还没有回复，请对方接下来马上回复）；也可以后跟不定式过去时：Merci de m'avoir écrit "谢谢您给我写了信"（表示对方已经写了信）。在本文中，小华的建议已经给出了，所以 merci 后面应该跟不定式过去时。

pour connaître personellement la technologie chinoise. Merci pour ton conseil.

学生稿：

Je dois prendre le TGV chinois et apprécier la technique chinoise. Merci pour me conseiller.

【学生提问】

Il faut que je prenne le TGV pour me faire une idée de la technologie de Chine. Merci pour tes propositions. 这样翻译可以吗？

【教师回答】

1）Il faut que je prenne le TGV 中的 il faut "必须"、直陈式现在时，语气太重。

2）... pour me faire une idée de la technologie de Chine 这句话没有错。但是 se faire une idée de... 是"对……形成看法""了解某物"。Je t'assure que c'est très bien. "我向你保证，这很好。" - Peut-être, mais j'aimerais m'en faire une idée moi-même, j'irai voir ce que-c'est. "也许吧，不过我还想自己去了解，我要去问个究竟"。connaître 聚焦的是"经历、体验"。

3）Merci pour tes propositions 中的 propositions 应当改为单数 proposition，因为本文中并没有多个"建议"，而是有些不同的内容，但这些内容可以构成同一个"建议"。

【学生提问】

conseil、proposition、suggestion、recommandation 之间有何区别？

【教师回答】

确实，这四个词语都有"建议"的意思，但它们之间有着明显的区别：

- conseil：建议、劝告。指考虑比较周全的"建议"，一般都是为他人着想的，也可以是有多个人一起进行的"劝告"，而且是针对某个具体内容的。如果说从开始有想法到最后成型、正式提交出来的整个过程为 100 的话，那conseil 应当是最后的 30%。

- proposition：建议、提议。提出想法，该想法往往还是比较初步的。如果说从开始有想法到最后具体落实的整个过程为 100 的话，那 proposition 还只是开始的 20%。是不是为他人着想，不讨论。在法国政治体制中有议会和政府，议会拿出来的建议叫 proposition，政府拿出来的需要议会通过的叫 projet，从这里可以看出 proposition 是整个方案的前端。

- suggestion：介于 conseil 和 proposition 之间，为整个过程的中间部分。

- recommandation：建议、推荐、嘱托、叮嘱。朝"叮嘱"的方向偏过去了。

Hélas...

精简与归一法语课堂 1
第四课
旅游景点介绍
Leçon 4

【中文原稿】

旅游景点介绍

A：导游先生，我们现在在哪里？

B：女士们，先生们，现在我们来到了世界闻名的外滩，它一直以来就是上海的象征。

A：您能给我们具体介绍一下外滩吗？

B：在 1843 年，英国领事馆在这里获得了一块土地作为租界，随后其他的西方国家开始效仿英国。在 20 世纪 30 年代的时候，黄浦江边就坐落了很多不同经典样式的大楼，有一百一十多家银行也在这里落户。上海的外滩成为中国重要的金融中心。

A：在这里可以看到不同风格的建筑，好漂亮！我们接下来去哪里？

B：接下来，我们将乘坐游轮观赏浦江两岸的夜景。上海以"东方巴黎"著称，是一座在夜晚特别迷人、浪漫的城市。游轮来回需要 1 小时，在这 1 小时内，您将同时感受现代化的浦东新区和充满怀旧气息的外滩。祝各位旅途愉快！

【法语标准稿】

Présentation de sites touristiques

A : Monsieur, où sommes-nous ?

B : Mesdames et Messieurs, nous arrivons maintenant au/sur le Bund, site mondialement connu et depuis toujours le symbole de Shanghai.

A : Pouvez-vous nous donner des informations plus détaillées sur le Bund ?

B : En 1843, le consulat de la Grande Bretagne à Shanghai a obtenu un lopin de terre en concession, suivi par d'autres pays occidentaux qui commencèrent à l'imiter. Dans les années 1930, on trouvait le long de la rivière Huangpu de nombreux grands bâtiments d'affaires de styles différents, dont plus de 110 sièges de banque. Depuis lors, le Bund de Shanghai est devenu un important centre financier en Chine.

A : Ces différents styles d'architecture sont superbes ! Où nous rendons-nous à présent ?

B : Nous allons faire une croisière de nuit pour admirer de nuit les rives du Huangpu. Shanghai, aussi appelée le «Paris de l'Orient», est perçue comme mystérieuse et romantique, particulièrement la nuit. Une croisière aller-retour dure une heure. Pendant cette heure, vous pourrez admirer la modernité de la nouvelle zone de Pudong et vous imprégner de l'atmosphère nostalgique du Bund. Je vous souhaite à tous un agréable voyage !

教师解释：

1. 1）"介绍"法语可以转换为 présentation 或 présenter，但不能转换为 introduction。因为 introduction 是动词 introduire 的（动）名词。《新小罗伯特词典》[1] 的注释如下：

- faire entrer qn dans un lieu "把某人引入某个地点"：

  L'huissier l'a introduit dans le bureau du ministre "传达员把他引进了部长办公室"。

  Un ami m'a introduit auprès du ministre "一位朋友把我介绍给了部长"。

- faire adopter qch "引入、输入某件事物"：

  introduire une nouveauté (une mode, un genre, un usage, une coutume) "引进一种新鲜事物（时装式样、题材、惯例、习俗）"。

  Parmentier a introduit la culture de la pomme de terre en France. "帕芒迪埃将土豆栽培引入了法国"。

- faire entrer une chose dans une autre "把某物插入、放入另一物"。

  Introduire la clé dans la serrure "把钥匙插入锁内"。

  Introduire sa main dans sa poche "将手插进衣袋里"。

中文原稿：

旅游景点的介绍

标准稿：

Présentation de sites touristiques

学生稿：

Introduction d'un site touristique

老蔡诠释：

从以上《新小罗伯特词典》的注释中，我们可以了解到 introduction 没有"介绍（某物）"的语义。即便在 Un ami m'a introduit auprès du ministre "一位朋友把我介绍给了部长"这句话中，也只有"引见"的意思，与 auprès de + qn 搭配使用。法语的 introduction 和英语的 introduction 虽然同源，但两者在用法上有着很大的区别。所以学生译文的 introduction 使用错了。

2）外滩沿黄浦江几公里，是一个很大的地方，不能视为一个 site，而应当视为多个 sites。而且，因为是第一次谈到，所以要用复数的不定冠词 des：présentation de（= de + des）sites touristiques。

---

① *Le Nouveau Petit Robert*, Paris: Le Robert, 2009.

【学生提问】

Présentation d'une attraction touristique，这样翻译可以吗?

【教师回答】

法语 attraction 是名词(或称动名词)，从 attirer 派生而来。其主要的语义是"吸引人"，有"主动招揽"的意思。这个词在今天的法语中首先会让人们联想到迪士尼乐园等主题公园里的某个游乐项目，与本文场景所需语义不符。

---

2. 1）Pardon 用在这里意味着导游先生正忙着，你想问他问题，打扰他，所以得说"对不起"。如果你没有打扰他，就不必说 pardon。

2）法语没有 Monsieur le guide 的说法，只能说 Monsieur。如果我们一定要字字对应将"导游"一词译出来，则可采用旁白加括号的方式：(s'adressant au guide) Monsieur, où…。其中，s'adressant au guide (← s'adresser à "对某人讲话")是现在分词，表示原因和同时性。s'adressant à 在法语中，经常用于表达"对着某人说道"这一旁白。

3）maintenant "现在"在本文场景中没有必要，因为 nous sommes... 是现在时，现在时表达的就是"现在"。如果在这里用了 maintenant，整句话的意思则变为：导游已经介绍了一些景点，然后游客问"导游先生，现在，你打算给我们介绍什么？"。但在本文的场景中，导游在之前并没有介绍其他景点。

中文原稿：
导游先生，我们现在在哪里?

标准稿：
Monsieur, où sommes-nous ?

学生稿：
Pardon, Monsieur le guide, où sommes-nous maintenant ?

3. 1）外滩作为地点状语，前面介词用 à 和 sur 皆可。

2）标准稿使用了 maintenant "现在"，旨在说明"他们刚到外滩，是新发生的变化"。

3）qui est très connu 是一个定语从句。这里完全可以省略 qui est，只留下 très connu，不会影响意思的理解。而且精简了之后，句子显得更简洁漂亮。学生稿显得过于啰嗦。

4）学生译文 qui est très connu "很有名"，漏译了"世界范围"。标准稿 site mondialement connu 属于书面语言。副词一般表示方式，但这

中文原稿：
女士们，先生们，现在我们来到了世界闻名的外滩，它一直以来就是上海的象征。

标准稿：
Mesdames et Messieurs, nous arrivons maintenant au/sur le Bund, site mondialement connu et depuis toujours le symbole de Shanghai.

里却用于表示地域。虽然用法特殊，但想要表达的意思很清晰，不会造成误解。整个句子也因此显得简洁漂亮。

5）Il est un symbole de Shanghai 得改成 C'est un symbole de Shanghai。只要是第三人称作主语，系词 être 后跟的名词带有冠词，那就必须把 il est、elle est、ils sont、elles sont 改成 c'est、ce sont。

6）un symbole de Shanghai 得改成 le symbole de Shanghai。因为事实上外滩是上海的主要象征。

学生稿：

Mesdames et Messieurs, maintenant nous sommes au Bund, qui est très connu. Il est un symbole de Shanghai.

 【学生提问】

Mesdames et messieurs, maintenant on arrive sur le Bund, qui est de rennomée mondiale. Il est toujours le symbole de Shanghai. 这样翻译可以吗？

 【教师回答】

1）on arrive sur le Bund, qui est de rennomée mondiale 这一表达语法上没有问题，而且意思也是很明确的。但是在语言层次上却存在着不协调的情况：on arrive... 是非常口语化的措辞，而 est de rennomée mondiale 却是书面文学用语。所以应当将 on arrive 改成 nous arrivons。

2）Il est toujours le symbole de Shanghai 改成 C'est toujours le symbole de Shanghai。

 【学生提问】

célèbre、connu、réputé、renommé 和 fameux 都可以转换汉语的"著名的、有名的"，区别何在？

 【教师回答】

确实，查阅汉法词典，汉语"著名、有名"转换成法语，有五个词语与之对应：célèbre、connu、réputé、renommé 和 fameux，其区别如下：

- **célèbre**：Solennel, éclatant, très connu ➜ fameux, glorieux, historique, illustre, immortel, légendaire, notoire, renommé, réputé "著名的、有名的、出名的、

驰名的"：既可以是褒义词，也可用于贬义。其含义覆盖 connu、réputé、renommé，既可用于比较通俗的表达，也可在正式高雅的语境中使用。有名程度超过 connu，为 très connu。

- **connu**：Que la majorité connaît; qui a une grande répitation "著名的、驰名的、闻名于世的"，是动词 connaître 的过去分词，带有 connaître 这一动词的所有语素内容。作为过去分词，多了"大部分人都知道"的语义。

- **réputé**：Qui jouit d'une grande bonne répitation（Réputation：Le fait d'être honorablement connu du point de vue maoral; Le fait d'être célèbre, d'être avantagieusement connu pour sa valeur）"著名的、出名的、以……而闻名"，在行业专家圈子里"有名"、道德层面上受人尊重。

- **renommé**：Qui a du renom（Opinion étendue sur qqn ou sur qqch; Opinion favorable et largement répendue）"有名的、著名的、有名望的"：名望度超越行业、地域、国境，人们都经常提及。

- **fameux**：Qui a une grande réputation bonne ou mauvaise; remarquable en son genre, très bon ou très mauvais "有名的、出名的、著名的、熟知的、名誉扫地的"：好的或坏的行为都可以导致的"有名"，可以译成"著名的、出名的、臭名昭著的"。在现代法语里，该词经常放在被修饰词之前常表示讽刺，因为讲过、议论过许多次而变得有名。[①]

【学生提问】

Mesdames et messieurs, maintenant nous sommes arrivés sur le Bund connu dans le monde entier. C'est depuis longtemps l'emblème de Shanghai. 这样翻译可以吗？

【教师回答】

1）Maintenant nous sommes… 中的 maintenant 没有错，只是表明"刚才我们还在做其他的事，而现在发生了变化：我们来到了外滩"。

2）maintenant nous sommes arrivés sur le Bund connu dans le monde entier 的句子太长了。一口气要把这句话读完很累。因此我们可参考标准稿的做法，把这句话切断，加上逗号和 site。

3）depuis longtemps 应改成 depuis toujours。depuis longtemps 是"很长时间以来"的意思，言下之意便是在某一段时间中外滩并非上海的标志。而事实

---

① *Le Nouveau Petit Robert,* Paris: Le Robert, 2009.

上，自上海成为具有国际影响的大都市以来，外滩始终是其标志。

4）C'est depuis longtemps l'emblème de Shanghai 中的 emblème 意为："象征图案、标志、标识、徽记、印、印章、象征、象征物、徽章"。在这里用该词欠妥。因为 emblème 指具备象征意义的图案，该图案可以是某个字母或某个动物，却不能是某个景点、某幢建筑。当然，我们可以说"外滩具有旗舰性质的象征意义"symbole emblématique。

【学生提问】

Mesdames et messieurs, nous sommes maintenant sur le Bund, c'est un lieu renommé de par le monde, c'est aussi le symbole de Shanghai depuis de longues années 这样翻译可以吗？

【教师回答】

1）renommé de par le monde 是雅致的表达。

2）depuis de longues années 是雅致的文学语言。

---

4. 1）学生译文 Vous pouvez nous présenter... 中的主谓语应当倒装。在规范法语中，如果是问句，那主谓语就必须倒装。

2）...présenter le Bund en détail 中的 en détail 的位置错了。en détail 放在 le Bund 之后，可以理解成 en détail 修饰的是 le Bund，而不是 présenter。应当改成 ... présenter en détail le Bund

中文原稿：

您能给我们具体介绍一下外滩吗？

标准稿：

Pouvez-vous nous donner des informations plus détaillées sur le Bund ?

学生稿：

Vous pouvez nous présenter le Bund en détail, s'il vous plaît ?

【学生提问】

Pouvez-vous nous présenter le Bund plus précisément ？ 这样翻译可以吗？

【教师回答】

这一学生建议没有问题。

【学生提问】

Pourriez-vous nous présenter un peu en détail ce lieu, s'il vous plaît ? 这样翻译可以吗？

 【教师回答】

该学生建议的问题出在 ...un peu en détail...，因为既然是 en détail，那为什么还要说 un peu "一点、一些" 呢？在法语受众看来，这是自相矛盾的说法。

- -

5. 1）学生译文的 le consulat britannique 是一个不正确的说法。因为形容词 britannique 修饰 le consulat 可以是特点的说明。而这里所要表达的是领事馆的隶属，所以要说 le consulat de la Grande Bretagne。我们也不能将英国领事馆译成 le consulat de Grande Bretagne，因为领事馆作为派出机构，其隶属国的国名必须要用全名，前面要用定冠词。

2）法语名词 terre 有多个语义，虽然也有土地的意思，但一般是指用来耕种的土地。而中文原稿的意思是英国人用这块土地来建领事馆，来建房子。因此学生译文的 une terre 指代不明。我们可以改成 un lopin de terre（一块土地，其范围受到限定，可用于耕种外的其他用途）或 un terrain（一块场地，指有专门用途的一块地）。

3）comme concession 错了，得改成 en concession。因为 comme 作为介词，后跟名词一般都用来进行比较。当遇到 "得到某物作为某用" 的汉语句型时，如果一定要使用介词引出 "作为某用" 的话，大都不能使用 comme，而应使用介词 en。而且，comme + nom（名词）经常用于 "本不是这个，但用作这个" 的语义，例如：J'ai donné des cours de français comme professeur "我作为老师上了法语课"，法语给出的语义是 "我不是正式的法语老师，我临时充当老师上法语课"。如果要表达我是法语老师我上法语课，那

中文原稿：

在 1843 年，英国领事馆在这里获得了一块土地作为租界，随后其他的西方国家开始效仿英国。在 20 世纪 30 年代的时候，黄浦江边就坐落了很多不同经典样式的大楼，有一百一十多家银行也在这里落户。上海的外滩成为中国重要的金融中心。

标准稿：

En 1843, le consulat de la Grande Bretagne à Shanghai a obtenu un lopin de terre en concession, suivi par d'autres pays occidentaux qui commencèrent à l'imiter. Dans les années 1930, on trouvait le long de la rivière Huangpu de nombreux grands bâtiments d'affaires de styles différents, dont plus de 110 sièges de banque. Depuis lors, le Bund de Shanghai est devenu un important centre financier en Chine.

学生稿：

En 1843, le consulat britannique

就得说 Je donne des cours de français en tant que professeur。综上所述，comme concession 应改为 en concession。

4）ensuite 不妥，因为跟在 ensuite 后面的句子应该和之前句子的主语是同一个，而且 ensuite 是"立即"，而本文场景并不需要强调时间的紧凑。如果要表达汉语的"然后"，我们可以说 par la suite。par la suite 所表达的"然后"在时间上可以是不紧凑的。而且，ensuite 可以表达上下两个动作之间并没有逻辑关系，而 par la suite 则一定是逻辑延伸。

5）à l'époque 1930s 这是英语的表达方式。法语说 20 世纪 30 年代，是 à l'époque des années 1930 或 dans les années 1930。

6）若尽量维持学生译文，则 ...bâtiments aux différents styles classiques... 改成 ...bâtiments de différents styles classiques...。style "风格"用作定语修饰名词，用介词 de 引出。

7）...bâtiments de différents styles classiques... 在此处也不妥，应改成 ...bâtiments classiques de différents styles ...。因为在法国人看来，应该是"古典"的"建筑"bâtiments classiques，"不同"的"风格"。

8）"黄浦江"不能译成 le fleuve Huangpu 而是应该译成 la rivière Huangpu。因为只有直接流进大海里的河流才能叫 fleuve，而其余就叫 rivière。黄浦江虽然离东海很近，但却流进长江里，所以得叫 la rivière Huangpu。

9）"上海的外滩成为中国重要的金融中心"Le Bund est devenu le centre financier de Chine 中的冠词 le 有待商榷。因为使用了介词 le 就意味着"整个中国只有上海的外滩是金融中心了"，或者是"中国唯一的最重要的中心了"，但事实上，还有北京或其他地方也是重要的金融中心。

10）关于"有一百一十多家银行也……"：汉语的"银行"可以指代银行的总部、银行的分支机构总部，也可以指代银行的营业网点，法语 banque 的语义范围基本和汉语"银行"差不多。当时外滩的实际情况是有三百多家金融机构，其中有一百一十多家银行。因此说 110 banque 没问题。但如果我们不确定这些究竟是什么样的机构，则我们可以改为 110 institutions financières "110 家金融机构"。institutions financières 包括各种大小银行、证券公司、保险公司等。

11）本篇学生稿的时态存在很大的问题：既有愈过去时，也有复合过去时，同时还有现在时。尤其在 À l'époque 1930s, il y a beaucoup de bâtiments aux

avait obtenu une terre comme concession. Ensuite, d'autres pays occidentaux ont commencé à suivre l'exemple de la Grande Bretagne. À l'époque 1930s, il y a beaucoup de bâtiments aux différents styles classiques situés le long du fleuve Huangpu. Plus de 110 banques se trouvent ici. Le Bund est devenu le centre financier de Chine.

différents styles classiques... 中有很明显的过去时间的限定，却依然使用了现在时，这是一个"不可饶恕"的错误。在 Plus de 110 banques se trouvent ici. Le Bund est devenu le centre financier de Chine 这组句子中，前一句使用了现在时，而后一句却使用了复合过去时，很混乱，读者无所适从。**注意**：正确把握和运用法语时态是极其重要的一件事，否则法国人就根本无法理解你在说什么。

【学生提问】

En l'an 1843, le consulat anglais a obtenu une zone ici en concession. Alors, d'autres pays occidentaux ont suivi l'exemple de l'Angleterre. Dans les années 30 du siècle dernier, il y avait déjà beaucoup de bâtiments classiques de différents styles sur les rivesde la rivière Huangpu. Plus de 110 banques se sont installées ici. Le Bund de Shanghai est devenu le centre financier le plus important de Chine. 这样翻译可以吗？

【教师回答】

1）en l'an 1843 是一个正确的表达，但是和 en 1843 之间存在着区别：

- 和 en 1843 相比，en l'an 1843 多了 l'an。这一增加的 l'an 旨在预告受众"有某个极其重要的事件要发生"，邀请受众聚焦这一事件，例如：En l'an 1830, la Monarchie succéda à la Restauration "1830 年，七月王朝取代了复辟王朝"。我们可将这一表达归为"舰载机"性质的时间状语表述；

- 而 en 1843 这一表达则没有聚焦重大事件的意图，属于"航空母舰"性质的时间状语，期待容纳他物或他人。

2）le consulat anglais 改成 le consulat de la Grande Bretagne，因为此处是对归属的强调，而非对特征的描述。

3）在本文场景中"一块土地"不能用 une zone 转换，因为 zone "区域"通常聚焦该区域的特殊功能、用途，例如：zone d'habitation "居住区域"、zone industrielle "工业区"。

4）l'exemple de l'Angleterre 中的 Angleterre 欠妥。因为 Angleterre 只是"英格兰"，而英国却是由英格兰、苏格兰、威尔士和北爱尔兰组成。说 Grande Bretagne 就全部覆盖了。

5）Plus de 110 banques se sont installées ici 中的复合过去时用错了。如果这个句子是成立的，那么鉴于前一句话使用的是未完成过去时，大家读到的内容是："到了 20 世纪 30 年代，黄浦江边已经坐落有很多不同经典样式的大楼，在那段时间里，有一百一十多家银行来到这里落了户"，这就背离了中文原稿的意思。

在这里未完成过去时和复合过去时放在一起，必然会产生"时态相嵌"的效应：未完成过去时是背景性的铺垫平面——"航空母舰"；复合过去时则是在这块背景性铺垫平面之上发生的事——"舰载机"，即"未完成过去时旨在等待复合过去时（或简单过去时）发生在自己身上"。无论我们的意愿如何，这两个时态在一起出现必然会导致法语受众如此理解。事实上，外滩从一开始就和金融有关，很多大楼都是和那些金融机构（包括银行）一起出现在外滩这个地方的，并不是先有大楼，然后才招商引来那些银行入驻。因此，我们只要把 Plus de 110 banques se sont installées ici 改成 Plus de 110 banques étaient installées ici 就可以了。这一处理方式旨在把"这里有很多大楼"和"有很多银行"放在同一个层面上。

6）s'installer "落户" 是 installer "把……安放在" 派生的代词式动词，强调动作，而在本文场景需要的却是当时的人们所能看到的状态，所以得使用 ...étaient installées ici...。

【学生提问】

标准稿 En 1843, le consulat de la Grande Bretagne à Shanghai a obtenu un lopin de terre en concession, suivi par d'autres pays occidentaux qui commencèrent à l'imiter 和 Dans les années 1930, on trouvait le long de la rivière Huangpu de nombreux grands bâtiments d'affaires de styles different... 也是复合过去时（简单过去时）和未完成过去时共处，它们之间会不会发生"航空母舰"和"舰载机"的效应？

【教师回答】

不会。首先，从意思的角度看，"英国领事馆获得租界"以及以后"其他国家的效仿"具体动作发生的时间是在 1843 年以及以后几年的时间段，而使用未完成过去时的后一个句子则表述 20 世纪 30 年代才发生的事，不可能产生理解问题。其次，标准稿将时间状语 Dans les années 1930 放在了后面那句话的句首，可以给出比较明显的"割断"感觉，法语受众因而就不会再去和上一句话进行"时态联想"。再次，在这两句之间还有句号，也有助于产生"割断"感觉。

标准稿之所以在此要使用未完成过去时，是因为 20 世纪 30 年代是一个很长的阶段，在这一时间段里，凡去那里的人每次都可以看到这些情况。在过去的层面上叙述故事时，重复的动作应当使用未完成过去时叙述。

【学生提问】

标准稿中的"开始（效仿英国）"这一动词为什么使用简单过去时？
这里的简单过去时是否能被复合过去时或未完成过去时替代呢？

【教师回答】

首先，这里的简单过去时不能被未完成过去时替代。因为简单过去时和复合过去时一样也是"舰载机"，都是表达"点上的动作"，而未完成过去时则是"航空母舰"，是一个铺垫性质的平面。

确实，旧式法语同时使用复合过去时和简单过去时，复合过去时负责表述"和说话人说话那一时刻有关的过去"，而简单过去时则表达"和说话人说话那一时刻没有关系的过去"，但是现代法语已经将这两个时态合二为一了。本段场景在旧式法语中是应当使用简单过去时进行叙述的。

实际上，简单过去时并未从现代法语中完全消失，现今的法国人在一些高档优雅的表达中，还是经常使用简单过去时的。因为在现代法语中，简单过去时和复合过去时一起使用，简单过去时可以用来凸显其动词动作的重要性，让该动词动作不同于其他（使用复合过去时表述的）动词动作，达到"万言尽在一言中"的效果。本文场景中的"随后其他的西方国家开始效仿英国"就属于这种情况。

【学生提问】

En 1843, l'ambassade anglaise y a acquis un terrain comme concession, ensuite d'autres pays occidentaux ont commencé à imiter l'Angleterre. Dans les années 30s, beaucoup d'immeubles classiques de divers styles se situent au bord de la rivière Huangpu, et plus de 110 banques s'y sont installées. Le Bund de Shanghai devint le centre financier le plus important de Chine. 这样翻译可以吗？

【教师回答】

1）l'ambassade anglaise 改成 l'ambassade de la Grande Bretagne。解释参见上文。
2）y a acquis un terrain 改成 y a obtenu un terrain，因为 acquis 是"通过购买而获得"的意思，而在本文场景中只要说"获得"即可。
3）terrain 用得很好，terrain 聚焦土地的使用功能，而且有很明显的界限。

4）comme concession 改成 en concession。

5）Dans les années 30s 是英式表达方式，法语说 Dans les années 30 或 Dans les années 1930。

6）beaucoup d'immeubles classiques de divers styles 中的 immeuble 使用正确。divers 也是正确的，但和 différent 有区别。divers 和 différent 词义辨析：*Différents* ne doit cependant jamais s'employer à la place de *plusieurs* s'il s'agit d'objets semblables. Divers s'emploie de la même façon, mais en insistant encore plus sur la différence entre les objets considérés. (如果描述相似事物，*différents* 不能替代 *plusieurs*。*divers* 亦同，但更强调这些事物间的差别)。[1]

7）se situent 改成 se situaient，因为这里说的是过去发生的事情。

8）plus de 110 banques s'y sont installées 得改成 plus de 110 banques étaient installées。

9）Le Bund de Shanghai devint le centre financier 中的 devint（动词 devenir 的简单过去时）需改成 est devenu（动词 devenir 的复合过去时）。我们在上文已做解释：在现代法语中，简单过去时和复合过去时一起使用，简单过去时可以用来凸显其动词动作的重要性，让该动词动作不同于使用复合过去时表述的其他动词动作，达到"万言尽在一言中"的效果。在这句话之前已经有了很多解释和介绍，因此，这句话作为总结就不能再使用简单过去时了。

【学生提问】

En 1843, ...à l'intérieur du Bund... 这样翻译可以吗？

【教师回答】

一般来说，à l'intérieur de 都用来表达"在某个屋子里"或"在某个三维空间里"。

【学生提问】

En 1843, le consulat de la Grande Bretagne a acquis un terrain ici et il l'a pris pour la concession, ensuite d'autres pays occidentaux l'ont copié... 这样翻译可以吗？

【教师回答】

1）如果 En 1843, le consulat de la Grande Bretagne a acquis un terrain ici et il l'a pris pour la concession 这句话是成立的，那就得将第二句话的主语省略，

---

[1] Paul Dupré, *Encyclopedie du Bon Français dans l'Usage Contemporain,* Paris: Trévise, 1972.

改成 En 1843, le consulat de la Grande Bretagne a acquis un terrain ici et l'a pris pour la concession，因为当两句话的主语相同时，第二句话的主语可以省略。

2）... il l'a pris pour la concession 中的冠词 la 是错的，因为这是 concession 第一次在文中出现，不能使用定冠词将其引入。

3）... il l'a pris pour la concession 错了，因为 prendre qqn/qqch pour "把某人 / 物当成" 是 "误认为" 的意思。

4）... il l'a pris pour la concession 的意思还可以是 "为了租界的利益，他把它拿走了"，这就与中文原稿的本意相去甚远。

5）ensuite 改成 par la suite。

6）... l'ont copié 在法语中，copier 这一词语含贬义，意为 "百分之百地抄袭"。如要表达 "效仿" 的意思，可以使用 prendre l'exemple de。

【学生提问】

C'est en 1843 que la Grande Bretagne a obtenu sur cet endroit un terrain appelé « concession » et sur lequel elle a installé son consulat. Par la suite, d'autres pays occidentaux ont suivi l'Angleterre pour s'installer ici. Dans les années 1930 le Bund comptait de nombreux bâtiments aux styles architecturaux différents qui abritaient plus de 110 banques. Le Bund devint ainsi le centre financier de Chine. 这样翻译可以吗？

【教师回答】

1）un terrain appelé « concession » "一块被称为'租界'的土地"，是一个不正确的说法。因为这一表述中的 "租界" 只是一种称呼而已，事实显然不是这样。

2）在这段文字中，该同学没有进行翻译，而是进行了 "诠释"。**注意**：我们在进行翻译时，要注意 "忠诚度" 的问题，千万不能离原文太远。

3）abritaient "供人居住" 选词欠佳。abriter 是指 "某个或某些建筑给人提供住所"，那么这就是意味着 "这些银行借住在这里"，与中文原稿的本意有出入。

4）... comptait de nombreux bâtiments ... 中的 de nombreux 不妥，因为 compter 后跟的宾语一般都是具体的数字。

5）最后一句的简单过去时改成复合过去时。

6）ainsi "就这样" 不妥，应当改为 depuis lors "从此以后直至现在"。

6. 1）中文原稿"在这里可以看到不同风格的建筑"这句话似乎没有存在的必要。因为对话的双方都已经身在外滩了，无须再说"从这里可以看到"，只要说"这些不同风格的建筑很漂亮"就可以了。**注意**：我们在翻译或表达自己思想的时候，尽量注意不要重复，汉语可以容忍的一些重复，在法语里必须尽量避免。

2）D'ici, on peut voir les bâtiments de différents styles 这句，如果尽量维持学生译文，那么其中的复数定冠词 les 用得不妥。因为这句话的意思是"站在这里，就能全部看到"，其聚焦点是"全部"，但是这句学生建议里却用了复数定冠词 les，冠词起的作用不是强调，而是一笔带过。所以得改成 D'ici, on peut voir ces bâtiments de différents styles。

3）Et qu'est-ce que notre prochaine destination 中缺少动词。

4）Et qu'est-ce que notre prochaine destination 中的 qu'est-ce que 用错了，因为 qu'est-ce que 只能问宾语，而这里需要的是表语疑问词 quelle。

5）destination 确实是一个在旅游领域使用较多的词语，但其意思是"旅游目的国"或"旅游目的地区"，通常指最终到达的地方，而在这里只是下一个地方、下一个阶段而已，应该使用 la prochaine étape。

中文原稿：

在这里可以看到不同风格的建筑，好漂亮！我们接下来去哪里？

标准稿：

Ces différents styles d'architecture sont superbes ! Où nous rendons-nous à présent ?

学生稿：

D'ici, on peut voir les bâtiments de différents styles, quelle beauté ! Et qu'est-ce que notre prochaine destination ?

【**学生提问**】

On voit des bâtiments de différents styles ici, ils sont très beaux ! Où est-ce que nous allons ensuite ？这样翻译可以吗？

【**教师回答**】

学生译文语法上并没有错，只是太口语化了：on、est-ce que、ensuite 用在本文场景中都属于口语化表达方式。

【**学生提问**】

D'ici, on peut admirer beaucoup de constructions de divers styles, comme c'est joli ! Où on va ensuite ？这样翻译可以吗？

【教师回答】

1）中文原稿"在这里可以看到不同风格的建筑"中的"可以看到"译做 peut admirer 欠妥，这是因为汉语没有动词变位，所以"可以看到"中的聚焦点就会落到"看到"上，但法语有动词变位而且必须落在 pouvoir（peut）"可以、能"上，那就使受众产生疑问："既然说'可以'，那就也有'不可以'的可能性啊"。实际上，我们只要把 peut 省略掉，那就没有任何问题了。

2）中文原稿"在这里可以看到不同风格的建筑"中的"看到"译作 admirer 欠妥。admirer 是"欣赏、赞赏"的意思，指的是带着崇拜、崇敬的心情观看。因此，只要改成 voir（voit）"看到"就可以了。

3）construction "建筑、建造、施工"，可以指代建筑物，但是通常聚焦"人工建造"。而这里需要的是"建成后的建筑是艺术品，很漂亮"，所以用 bâtiment、immeuble 或 architecture 更好。

4）joli 一般用来修饰小姑娘或比较娇小的物品。而这里要凸显的是外滩的宏伟、大气，所以应当用形容词 beau、superbe 等。

【学生提问】

En effet, nous voyons des bâtiments de différents styles, qui sont très beaux !这样翻译可以吗？

【教师回答】

这位同学的建议很好，唯一的不妥只是 qui sont très beaux 中的 qui。qui 在这里是关系代词，在其引出的从句里做主语，整个从句为定语从句，修饰前面的名词先行词 bâtiments。一般来说，法语的定语从句不能用作感叹句。感叹句应该是 qu'ils sont beaux !

- -

7. 关于标准稿的解释

1）标准稿省略了"接下来"的汉法转换，Nous allons faire... 是法语的最近将来时。法语的最近将来时可以表示打算和接下来马上要做的事，故可以转换本文场景中的"我们将乘坐……"。

2）faire une croisière 就是"乘坐游轮观赏"的语义。

3）faire une croisière de nuit "乘坐夜晚游轮"已经含盖了"夜景"，故标准稿把后半句简化为

中文原稿：

接下来，我们将乘坐游轮观赏浦江两岸的夜景。上海以"东方巴黎"著称，是一座在夜晚特别迷人、浪漫的城市。游轮来回需要 1 小时，在这 1 小时内，您将同时感受现代化的浦东新区和充满怀旧气息的外滩。祝各位旅途愉快！

les rives du Huangpu "观赏浦江两岸（夜景）"。

4）le Paris de l'Orient "东方巴黎" 是 20 世纪二三十年代西方人对上海的称呼。标准稿沿用了这个具有厚重历史底蕴的称呼。**注意**：通常情况下，法语中的 l'Orient "东方" 指的是西欧以东的地区，包括中东、东部非洲、西亚等地。

5）"是一座在夜晚特别迷人、浪漫的城市" 标准稿转换为 est perçue comme mystérieuse et romantique，particulièrement la nuit 中有意添加 perçu comme "被感觉、被察觉、被理解、被体会" 旨在突出个人的感受。因为上海是座城市 ville，所以 mystérieuse、romantique 都是阴性形式。标准稿用逗号把 particulièrement la nuit "尤其晚上" 和前面句子分开，旨在说明白天是这样，晚间更是如此。

6）实际上，zone 的规模有大有小，la nouvelle zone de Pudong 已经成了约定俗成的表述，凡对我们近几十年来改革开放有所了解的人，都知道浦东新区，理解这个表述。否则我们得准备好专门介绍一下浦东新区了。

7）Je vous souhaite à tous un agréable voyage！中的 à tous 是专门添加的，重复其中的间接宾语代词 vous，旨在强调。这是一种非常礼貌的表达方式。

关于学生稿的讲评：

1）关于 ensuite 的不妥，请参阅上文解释。

2）la vapeur 可以指代 "汽船"，但只是专门指代美国密西西比河上的那些老式轮船。

3）直陈式简单将来时表示将来会做的事，而 "接下来，我们将乘坐游轮观赏浦江两岸的夜景" 是确实马上就要去做的事，故应改为最近将来时：nous allons admirer。

4）"夜景" 法语有约定俗成的表达方式：la vue de la nuit。但法国人看不懂 la belle vue de la nuit 这个表述：nuit "夜晚" 是一个时间段，vue "视野" 是某物或某个风景给人的感觉，所以在 la belle vue de la nuit 里缺少具体的物或风景。

标准稿：

Nous allons faire une croisière de nuit pour admirer de nuit les rives du Huangpu. Shanghai, aussi appelée le « Paris de l'Orient », est perçue comme mystérieuse et romantique, particulièrement la nuit. Une croisière aller-retour dure une heure. Pendant cette heure, vous pourrez admirer la modernité de la nouvelle zone de Pudong et vous imprégner de l'atmosphère nostalgique du Bund. Je vous souhaite à tous un agréable voyage !

学生稿：

Ensuite, nous admirerons la belle vue de la nuit par la vapeur. Shanghai est connu au nom de Paris oriental. C'est une ville très charmante et romantique dans la nuit. Il prend une heure en bateau. Pendant cette heure, vous pouvez sentir non seulement la modernité de la nouvelle région Pudong mais aussi vous souvenir des jours passés au Bund. Bon voyage !

5）如果 ...admirerons la belle vue de la nuit... 应改为 ...admirer de nuit la belle vue...。其中，de nuit "在夜间" 用作时间状语，也含有方式状语的意思。

6）Shanghai est connu au nom de Paris oriental 中的 au nom de qqn "以某人的名义" 选词错误。如果要尽量维持学生译句，应改为 Shanghai est connu sous le nom de Paris oriental。

7）Paris 作为城市名字是没有冠词的，但一旦有定语修饰以后，就必须加上 le：Shanghai est connu sous le nom du Paris oriental。

8）C'est une ville très charmante et romantique dans la nuit 中的 dans 用错了。dans la nuit 只能指某一天晚上，如果是每天晚上，则必须省略介词 dans。

9）Il prend une heure en bateau 中的 il 错了。il 的使用必须满足以下三个条件中的一个：a）指代前面说过的某人或某物；b）形式主语，但后面必须还有实际主语；c）表示天气怎么样或现在是几点。这三个条件，学生译文里的 il 都不满足。我们只要改成 cela 就可以了：Cela prend une heure en bateau。

10）vous pouvez sentir non seulement... 中的 sentir 改成 ressentir，因为 sentir "感觉" 是指通过五官得到的感觉或指直观或美感意识所给予的感觉，而 ressentir 是指比较重大的、深入的或较为复杂的感觉。

11）la nouvelle région Pudong 中的 région 改成 zone，因为 région 的意思是 "地区、大区"，在法国可以是好几个省 département 组成一个 région。而 zone 则范围较小，而且这个词聚焦于该区域的特殊功能，我们的浦东正是一个发展新区，符合这一条件。

12）Pudong 作为定语修饰前面的名词，必须用介词 de 引出：zone de Pudong。

13）...vous souvenir des jours passés... 是 "记得起过去的日子"，是说 "能记起来实实在在的日子"，但不可能给人 "充满怀旧气息" 诗意的感觉。

14）当有人出远门时，我们祝愿他一路平安，才说 Bon voyage。而本文场景则是在祝愿旅游团的成员在外滩玩得高兴，我们可以说 bonne promenade。这里 promenade 同时也包括晚上在游船上的游乐。

 【学生提问】

Maintenant nous allons prendre un bateau de croisière pour admirer les paysages nocturnes des 2 rives de la rivière Hangpu. Shanghai est connu sous le nom de «Paris de l'Extrême-Orient». C'est une ville vraiment charmante et poétique notamment dans la soirée. Nous avons besoin d'une heure environ pour faire l'aller-retour en bateau. Pendant cette heure-là, vous jouirez de la modernisation de la nouvelle zone de

Pudong et de la nostalgie du Bund. Je vous souhaite bonne promenade, Mesdames et Messieurs. 这样翻译可以吗？

【教师回答】

1）鉴于中文原稿并没有说明"接下来，我们将乘坐……"是否马上就要去做的事，所以，用简单将来时和最近将来时都是可以的。

2）...admirer les paysages nocturnes des... 中的 paysages nocturnes 用得很好。事实上白天和晚上的风景都是同样一些东西，但这些东西在白天和晚上外观不一样。

3）如果"东方巴黎"转换成 Paris de l'Extrême-Orient 那就说得太直白了，从而失去了"神韵"，因为 l'Extrême-Orient"远东"是一个实实在在的地理名词。建议将"东方巴黎"转换成 Paris de l'Orient，具体解释参见上文。

4）...vraiment charmante et poétique notamment dans la soirée 中的 dans la soirée 错了，得改成 la nuit，因为 soirée 可以是天还没有完全黑的时候。

5）Nous avons besoin d'une heure environ pour faire l'aller-retour en bateau 这一表述过于复杂，应当予以简化：Il faut une heure pour faire la croisière。

6）vous jouirez de la modernisation de la nouvelle zone de Pudong 中的 modernisation 欠佳，因为 modernisation 是以 -tion 结尾的名词，是一个动名词，说的是正在现代化的过程。而本文场景所说的是"现代化的内涵"，所以应当用 modernité。

【学生提问】

...admirer les rives de nuit..Shanghai est célèbre sous le surnom de «Paris de l'Extrême-Orient». Elle est une ville capitivante et romantique surtout la nuit. La croisière durera une heure, en laquelle vous expérimentez la modernité de la nouvelle zone de Pudong et la nostalgie du Bund... 这样翻译可以吗？

【教师回答】

1）...admirer les rives de nuit... 应改成 ...admirer de nuit les rives...。否则就成了"晚上的河岸"了，而中文原稿的本意是"晚上去欣赏两岸"。

2）Shanghai est célèbre sous le surnom de... 中的 surnom"绰号"选词错误，因为这一词语可以是贬义的，而且一般都用在某个人身上。

3）Elle est une ville capitivante et.... 改成 C'est une ville captivante et...。

4）La croisière durera une heure, en laquelle vous expérimentez... 中的 en laquelle 改成 durant laquelle，因为"在这一段时间里"应使用的介词是 durant，而不是 en。

5）expérimentez 是"试验、实验、体验"的意思，其目的是进行研究。这不是本文场景所需要的。

【学生提问】

...on admirera le paysage de nuit des deux rives de... en bateau-mouche... vous connaîtrez le nouveau arrondissement de Pudong moderne et le Bund nostalgique... 这样翻译可以吗？

【教师回答】

1）on 是比较口语化的表达。

2）...le paysage de nuit des deux rives... 中的 paysage de nuit 表达不正确，因为这句话如果是成立的，那就是说两岸有两个景色，一个是白天的景色，另一个是晚上的景色，而且这两个景色也可以同时并存。

3）法国文化小知识：为什么在塞纳河上的游船叫 bateau-mouche？之所以这样称呼，是因为：为了便于游客观赏风景，法国人在防雨密封的船体上设置了许多小窗口，远看上去，船体就像苍蝇的眼睛，所以这些游船就被称为 bateau-mouche "蝇船"。

4）le nouveau arrondissement de Pudong 中的 arrondissement 用错了，arrondissement 是北京的朝阳区、上海的黄浦区等行政区县的区，而浦东新区是指功能性的开发区，法语是 zone。

5）如果 le nouveau arrondissement de Pudong 成立的话，那也得将其中的 nouveau 改成 nouvel，因为 nouveau 还有一种阳性单数形式是 nouvel，用在元音字母或哑音 h 开头的阳性单数名词前。

6）...le Bund nostalgique... 是一个错误的搭配，因为 nostalgique "怀旧的"一般只能修饰 atmosphère "气氛"，而不能修饰一个地方。

7）...connaîtrez le nouveau arrondissement de Pudong moderne et le Bund... 中的 connaîtrez 是"亲身体验"的语义，而并不仅局限于认知性的了解。所以应当改成 découvrir。

【学生提问】

Ensuite, on va prendre le bateau de plaisance pour admirer la vue de la nuit le long des rives. Connu sous le nom de «Paris oriental», Shanghai est une ville fort charmante et romantique la nuit. Cela requiert une heure pour l'aller-retour. Dans cette période, vous allez découvrir la nouvelle zone Pudong moderne et le Bund plein de souvenirs. Bon voyage à vous tous ! 这样翻译可以吗?

【教师回答】

1）这位同学建议的这段汉法转换质量很高。但语层过高了一些：cela requiert "这要求" 是很正式、雅致的说法，用在本文场景中就有些过了。

2）bateau de plaisance 是游艇，但一般都是小型私人的，只给自己或家里人使用。接待游客的游船法语叫 bateau de croisière 或 bateau mouche。

3）Dans cette période 不妥。période 是指某个阶段，一般都是固定的，比如 période de pointe "高峰时段"。而本文场景说的是我们坐船游览时的时间段，这一时间段不是固定的，而是取决于我们预定的时间。所以最好改成 durant cette heure-là。

4）...le Bund plein de souvenirs 是正确的表述。

 【学生提问】

Ensuite, nous irons faire une croisière de nuit pour admirer de nuit les rives de la rivière Huangpu. Shanghai aussi appelée le «Paris de l'Orient», est perçue comme mystérieuse et romantique, spécialement la nuit. Une croisière aller-retour dure une heure. Pendant cette heure-là, vous pourrez en même temps ressentir la modernité de la nouvelle zone de Pudong et respirer l'atmosphère nostalgique du Bund. Je vous souhaite à tous un agréable voyage ! 这样翻译可以吗?

 【教师回答】

1）关于 ensuite、ressentir 的不妥，请参阅上文相关解释。

2）nous irons 是简单将来时，表示现在不做，要等到将来才做。而本文场景说的是接下来马上就要做的，故应改为最近将来时或现在时。

3）如果尽量维持学生译句，应将 Shanghai aussi appelée le «Paris de l'Orient» 改为 Shanghai aussi appelée « Paris de l'Orient »，因为如果 s'appeler、appelé 后跟被叫的名称，则该名称不带冠词。

4）动词 respirer "呼吸" 通常不会用于表达抽象的意境。

补充说明

冠词——法语的精美之处

法语的冠词可以分为四大类：阴阳性、可数和不可数、单复数、定冠词和不定冠词。我们可以从法语冠词的特性及其使用功能对其做一形象的趣解：

"法兰西的任性" ➔ 阴阳性、（部分的）可数和不可数
之所以给它们冠以"法兰西的任性"，是因为虽然它们中的某一些还有那么一点"道理"或"逻辑"，但绝大部分的阴阳性我们无从解释，必须强记。

"客观主义逻辑" ➔ 单复数、（部分的）可数和不可数
我们也可以把单复数视为"对照逻辑"或"境况逻辑"。
单复数存在于很多语言之中，而且十分容易理解，十分容易处理。法语把大多数事物视为可数的，有单、复数之分。说话人遇到名词，只要判断出是单数还是复数，进行相应的变化即可。我们可视之为"语言和客体之间的客观逻辑链接"，属于某种**垂直关系**。

"法语绝美之处" ➔ 定冠词和不定冠词
人们都说法语很美。实际上，任何语言都有其美丽的地方。应当说，母语都美丽。如果我们仔细观察一下法语，法语确实有几个美丽之处。而定冠词和不定冠词则是其几大"绝美处"之一。

实际上，应当使用定冠词还是应当使用不定冠词，与说话人没有任何关系。换句话说，无论说话人的主观愿望如何，无论说话人是用什么词、想表达什么意思，均与定冠词或不定冠词的选用没有任何关系。说话人影响不了它们。它们只是上下文的产物。它们是纯形式的东西。如果说法语的单复数表现了语言反映事实的"垂直关系"的话，那么，定冠词和不定冠词的取舍则完全是"文章"展开的**横向链接**，是属于"行文逻辑"范畴的内容，独立于"说话人"而存在。

人们在表达（包括书面表达和口头表达）时，一旦产出了几句句子，那么这几句句子就必然构成上下文，而这上下文之间就需要达到合理以便做到和谐。而定冠词就是帮助人们在法语产出时做到上下文和谐的语法设置。这一设置很奇妙：它告诉我们，定冠词的选定与说话人的初始意愿无关，而是依据上文而定。如果你用定冠词，那就必须是"确定"的概念，在上文中必须"已

经出现过"。倘若你违反了这一"行文规定"，那你的话就会逻辑不清，无法令人理解了。

当我们在表达时，要是存在着某个纯形式的，并独立于我们思想的东西来框定我们的思路，让我们表达更符合逻辑，更为缜密，是件多么惬意的美事啊！

[œ] [œ̃]

j'arrive !!

精简与归一法语课堂1

第五课
乾隆下江南
Leçon 5

【中文原稿】

　　一个关于食指敲桌子以示叩首感谢的故事：乾隆下江南。

　　我们中国人在给客人斟酒或者倒茶的时候，有些客人嘴上不说谢谢，而用手指弯曲起来敲敲桌子以表谢意。许多法国人对此不是很理解。这到底是怎么回事，其实是有一个故事的。

　　250年前，那个时候中国还在清朝，清朝第四个皇帝乾隆年轻时喜欢到处微服私访。有一次，他化装成一个年轻侍卫下江南去旅游。他的大臣由于年纪较大，于是化装成一个富商。他们到了一家茶馆喝茶。因为乾隆年纪比较小，所以给大臣倒茶。皇帝亲自给大臣倒茶，是很严重的一件事情。但因为是微服出访，大臣为了不暴露身份，就用手指头在桌子上面敲了三下，表示感谢。里面有两层意思：用手指头代表头，敲桌子表示磕头；大臣不能直接磕头行礼，就用这种巧妙的方法解决了问题。于是，这个习俗在中国流传了下来。很多中国人在遇到别人给自己倒茶或者倒酒的时候，通常会微微笑着用手指头在桌子上敲三下表示感谢。

【法语标准稿】

　　Alors que Qianlong se promène au Sud du fleuve Yangtsé … ou … L'histoire originelle du remerciement effectué en tapotant la table avec ses doigts repliés.

　　Lorsqu'un Chinois sert une boisson alcoolisée ou du thé à ses invités, il arrive que certains d'entre eux frappent doucement sur la table avec leurs doigts repliés en guise de remerciement. Frapper doucement sur la table de cette sorte est une façon d'exprimer sa gratitude. Bon nombre d'amis français ne comprennent pas ce que signifie ce geste. En fait, ce geste trouve son origine dans une histoire qui s'est passée jadis en Chine.

　　Il y a environ 250 ans, l'empire des Qing régnait sur la Chine. Qianlong, le quatrième Empereur était un jeune homme qui aimait beaucoup voyager et qui profitait de ses visites d'inspection, déguisé en civil, pour découvrir de nouveaux paysages. L'Empereur avait pour habitude de voyager au sud du fleuve Yangtsé, déguisé en jeune garde du corps, accompagné de son ministre qui était travesti en homme d'affaires fortuné, en raison de son âge. Lors d'une de leurs visites, ils se sont arrêtés dans un salon de thé et, pour respecter leurs rôles respectifs, l'Empereur a dû servir du thé à son vieux ministre. Évènement inconcevable : l'Empereur servant du thé à l'un de ses subordonnés ! Comme ils étaient en tournée d'inspection, déguisés tous les deux en civils, et pour ne pas laisser deviner leurs véritables identités, le ministre a frappé doucement de ses doigts repliés, à trois reprises sur la table, pour remercier l'Empereur. Ce geste avait deux significations : les doigts représentaient la tête et frapper sur la table signifiait se prosterner. Comme il était impossible au ministre de réellement se prosterner devant l'Empereur sans attirer l'attention des autres personnes présentes, il a eu l'idée astucieuse d'effectuer ce geste de la main pour résoudre ce problème particulier. Dès lors, ce geste, qui a fait date, est toujours utilisé en Chine. De nombreux Chinois, tout en souriant, frappent, trois fois de suite sur la table avec leurs doigts ainsi repliés pour exprimer leurs remerciements à celui ou celle qui lui sert une boisson alcoolisée ou du thé.

教师解释：

1. 1）"一个关于食指敲打桌子以示叩首感谢的故事：乾隆下江南"是中文原稿的标题，但从法语撰文的角度看，这更应当是故事叙述的起始部分。故标准稿将之处理成文章的开始。而且，从法语撰文的角度看"一个关于食指敲打桌子以示叩首感谢的故事"和"乾隆下江南"并不存在提示性的上下文关系，不必使用冒号，故标准稿改为 ... ou ..."……或……"：Alors que Qianlong se promène au Sud du fleuve Yangtsé ... ou ... L'histoire originelle du remerciement effectué en tapotant la table avec ses doigts repliés "乾隆下江南 ... 或一个关于食指敲打桌子以示叩首感谢的故事"，使用省略号旨在给出悬念。我们在接下来对学生译句的讲评中就不再对这一点展开说明了。

2）标准稿将"乾隆下江南"放在"一个关于食指敲打桌子以示叩首感谢的故事"之前，旨在先给出一个时间或地点状语，然后再具体说明。

3）标准稿在 Qianlong se promène au Sud du fleuve Yangtsé "乾隆下江南"之前添加 alors que "在……时"，处理为时间状语，旨在说明"一个关于食指敲打桌子以示叩首感谢的故事"并非是"乾隆下江南"的所有故事，而是多个故事中的一个。

4）alors que 有两个基本语义：第一，"在……时、当……时"，相当于 lorsque，属于旧式文学用语，表达更雅致，后跟的从句谓语动词既可以是未完成过去时也可以是现在时，例如：Belle Philis, on désespère alors qu'on espère toujours "美丽的弗里丝，人总在绝望，也总在希望"；第二，"而、却"用作连词，引导同时发生的，但内容与主句内容相反的从句，用法语解释就是 au moment où au contraire...，例如：Il fait bon chez vous, alors que chez moi on gèle "你家很暖和，可我家却冷得要命"。标准稿采用 alors que 不仅表示同时性，更是暗藏对立和矛盾，旨在吸引读者的眼球。从句的谓语动词使用现在时是为了让读者有身临其境之感。

5）originel, originelle "原始的、最初的、原来的"，l'histoire originelle "原始故事"旨在说明食指敲打桌子以示叩首感谢的习惯最早起源于这个故事。

6）在当今的现实生活中，人们依然用手指敲打桌子以示感谢，但方法因人而异：使用不弯曲的食指、使用弯曲的食指、使用不弯曲的所有手指和使用弯曲的所有手指，标准稿采用了弯曲所有手指敲打桌子的版本。

中文原稿：

一个关于食指敲打桌子以示叩首感谢的故事：乾隆下江南。

标准稿：

Alors que Qianlong se promène au Sud du fleuve Yangtsé ... ou ... L'histoire originelle du remerciement effectué en tapotant la table avec ses doigts repliés.

7）标准稿转换"食指敲打桌子以示叩首感谢"时省略了对"叩首"的转换，一是为了留下悬念，让读者阅读下去，以便了解为何要敲打桌子表示感谢，二是因为如果在此转换"叩首"，句子就显得很累赘。

【学生提问】

文章并没有说明主语是谁，en tapotant la table avec ses doigts repliés 中的 ses 是否指代不明？

【教师回答】

遇到主语不明时，可以使用第三人称单数主有形容词 son、sa 或 ses 来转换"其"。

【学生提问】

Qianlong se promène au Sud du fleuve Yangtsé 能否改为 Qianlong se promène dans le Sud du fleuve Yangtsé ?

【教师回答】

不妥。法语说 Le Japon se trouve à l'est de la Chine "日本在中国的东面"、Shanghai se trouve dans l'Est de la Chine "上海在中国的东部"。在前一例句中，"中国"是方位判断的基准点。凡表示以某个基准点为准进行东南西北的方位判断时，法语介词使用 à 引出东南西北；而后一例句内含的语义是"中国是一个大区域，可以划分为东西南北等部分，上海在中国境内的东面部分内。如果将 Qianlong se promène au Sud du fleuve Yangtsé 改为 Qianlong se promène dans le Sud du fleuve Yangtsé，那么，其给出的语义就是"'长江'江面是一很大的区域，该区域至少可以划分成南北两部分河面，乾隆是在南侧的江面微服私访"，这显然与中文原稿所需语义不符。

【学生提问】

"乾隆"能书写为 Qian Long 吗？

【教师回答】

中国人的姓、名、字、号等，如果是两个或两个以上的汉字（即"音节"）构成的，转换成法语时通常连写在一起，只要第一个字母大写即可，例如：Qianlong。

【学生提问】

plié 和 replié 这两词有何不同？

【教师回答】

plié（plier）"折、使之弯曲"可以是第一次弯曲，而 replié（replier）"再弯曲"则一定是再次或数次以上的弯曲，而将手指弯曲起来，不会是第一次。

【学生提问】

ses doigts repliés 是否应当改为 ses doigts repliés vers la paume ?

【教师回答】

没有必要添加 vers la paume "向手心"，因为手指弯曲不可能弯向手背，只能弯向手心。

【学生提问】

"一个关于……以示叩首感谢的故事"能否转换成 une histoire concernant la façon d'exprimer son remerciement en simulant la prosternation... ?

【教师回答】

这一建议有几处不妥。首先，la façon d'exprimer son remerciement 可以缩减为 la façon de remercier；其次，动词 exprimer 后跟宾语 remerciement 时，法国人通常都使用 remerciement 的复数形式：exprimer ses remerciements；再说，concernant "涉及、关于"可以是主要涉及，也可以是顺便地次要涉及；另外，une histoire concernant... "一个关于…故事"给出的语义是"'关于'一词后跟的内容已存在，故事发生在这个内容之后"，但中文原稿的语义是"食指敲打桌子以示叩首感谢"的这一习惯产生于这一故事。

【学生提问】

s'agenouiller 和 se prosterner 之间有何区别？

【教师回答】

s'agenouiller "跪、下跪"只是单腿或双腿的膝盖着地而已，上身可以挺直；而 se prosterner "俯伏、拜倒"是说俯伏的人不仅双脚跪在地上，而且双手和额头都得伏地，法国人看到这个词首先想到的是伊斯兰教徒做跪拜祷告的情景。

【学生提问】

L'histoire 为什么要用定冠词？是否应改为不定冠词？

【教师回答】

不能改为不定冠词，因为后跟的定语 originelle du remerciement effectué en tapotant la table avec ses doigts repliés 说明这一 histoire "故事"是确定的。

【学生提问】

L'histoire originelle 能否被 La vraie histoire 替代？

【教师回答】

不能。因为 vrai, vraie "真实的、确实的、真正的"是与"假"相对而言的。还有 une histoire véritable "真实的故事"，给出的潜台词是"没有被夸张或断章取义的故事"。而此处我们要讲述的是一个关于起源、来源的故事。

学生稿一：une anecdote dans laquelle tapoter la table avec l'index signifie frapper la terre du front pour exprimer le remerciement : visite de Qianlong au sud de Yangtsé.

1）句子的逻辑关系不清晰，pour exprimer le remerciement 究竟是谁的目的状语？是从句中的谓语动词 signifie 的目的状语吗？还是不定式动词 frapper 的目的状语？亦或是 une anecdote…pour exprimer le remerciement，即这则 anecdote "轶闻"的目的？

2）frapper "敲打、打击（包括军事打击）"的语义很重，故 frapper la terre du front 给出的语义是"额头很重地击打地面，血流满面"，与中文原稿所需语义不符。

3）pour exprimer le remerciement 建议缩减成 pour remercier。关于 exprimer le remerciement 中的 remerciement 使用单数的不妥，请参阅上文解释。而且 le remerciement 中的定冠词 le 应改为主有形容词 son、ses，因为法语中使用定冠词的前提有两个：或者是上文已经提及该事物，或者该事物是全世界唯一。而此处并不符合这两个条件，故改为 exprimer ses remerciements。

4）"江南"的正确转换是 sud du fleuve Yangtsé。

5）visite de Qianlong au sud de Yangtsé 没有主语也没有谓语，因此读者无法得知其中的 Qianglong 是 visite 的对象还是 visite 的实施者，而且因为冒号前后的内容并不对等，所以法语受众不理解为什么会出现 visite de Qianlong au sud de Yangtsé，故应改为 lors de la visite de Qianlong qui se trouvait au sud du fleuve Yangtsé。

学生稿二：Taper des coups sur la table avec la jointure de l'index pour exprimer le remerciement de Kowtow : Voyage de l'empereur Qianlong dans des régions au sud de Yangtsé

1）关于 exprimer le remerciement 中的定冠词 le 以及 remerciement 使用单数的不妥，请参阅上文解释。

2）taper "打、拍、顿足、跺脚" 的主轴语义是 "重重地敲打"，与中文原稿所需语义不符。法语可以说 taper trois fois，或者说 donner des coups（trois coups），但是没有 taper des coups 的表达方式，也没有 frapper des coups 的表达方式。

3）taper...avec la jointure de l'index "用食指的关节敲打……" 中的 la jointure 是多余的，因为手指弯曲敲打，接触桌子的部分一定是关节，没有必要说得这么仔细。而且每个手指都有两个关节，到底是其中的哪一个呢？而且还有些人用手指敲打桌子表示感谢时手指不弯曲。故应改为 taper...avec l'index。

4）法国受众很难理解 le remerciement de Kowtow 这一表达，他们会以为是一个叫 Kowtow 的人来感谢，因为 "名词 + de + 名词"，后一个名词只能是前一个名词的内涵或来源。确实，将 "以示叩首感谢" 转换为法语是较为困难的，因为 "示" "叩首" 和 "感谢" 都是动词，而且 "叩首" 是一个表示礼仪（方式）的举止，而 "感谢" 是 "叩首" 的内涵，在本文场景中 "叩首" 就意味着 "感谢"。同学们在进行汉法转换时，或者省略 "感谢" 只译 "叩首"：pour simuler la prosternation，或者只译 "感谢" 省略 "叩首"：pour remercier。如果一定要全部翻译出来，可以译为 pour simuler la prosternation en guise de remerciement 或 pour remercier en se prosternant，但显得过于累赘。

5）l'Empereur Qianlong "乾隆皇帝" 中的 Empereur "皇帝" 的第一个字母要大写。

6）voyage "旅行" 是名词，如果没有冠词可以理解为单数，那乾隆下江南就只有一次了，与中文原稿所需语义不符。**注意**：如果 voyage 改为复数 voyages，那就必须添加 les：les voyages de l'Empereur...，因为单数用作同位语，可以没有冠词 voyage；但复数具体细化了，必须加上定冠词 les。当然，无论是单数还是复数，都不是这段文字的最佳汉法转换。

7）很多法国人并不知道 le Yangtsé 是何物，所以 "江南" 应转换为 le sud du fleuve Yangtsé。

8）如果尽量维持 Voyage de l'empereur Qianlong dans des régions au sud de

Yangtsé 这一学生译句，其中的 des régions "一些地区"存在着很大的问题：首先，法语的 région "地区"所指的地域范围较大，这个词如果首字母大写，变成 Région，则指法国行政区划中的"大区"，通常面积很大，2016 年区划调整后，整个法国（本土及海外领地）有 18 个 Régions。"江南地区"因为地域范围较大，所以更应当被视为一个 région。其次，dans des régions "一些地区"的潜台词是"还有其他的 régions 不在讨论的范围内"，与中文原稿所需语义不符。再者，如果一定要转换"江南地区"，可以转换为 la région du sud de Yangtsé。另外，关于 sud de Yangtsé 应改为 sud du fleuve Yangtsé 的说明，请参阅上文解释。

 【学生提问】

taper 和 frapper 有何区别？能否说 frapper le ballon 或 taper le ballon？

 【教师回答】

taper "打、拍"如果没有特别说明，通常都是用手较重地击打，而 frapper 则通常是用身体的某个部分击打。例如在足球场上，我们可以说 frapper le ballon "踢足球、（头攻）射门"，但是我们不能说 taper le ballon。在篮球场上，我们说 lancer le ballon "把篮球投出去"。如果我们说 taper le ballon，那一定是宣泄愤怒的行为，很可能会被判技术犯规。但是在排球运动中，"扣杀"taper le ballon 旨在狠狠地用大力扣下去，就像给人一个耳光一样；而 frapper le ballon 则是用脚或头将足球送进球门。

学生稿三：Une histoire à propos de frapper l'index sur la table pour exprimer la prostration des remerciements : Qian Long alla à Jiangnan.

1）关于 frapper、Qian Long 的不妥，请参阅上文解释。

2）à propos de 通常后跟名词，不能后跟动词。故如果尽量维持学生译句，可改为 Une histoire à propos de l'action de frapper...。

3）frapper l'index sur la table 给出的语义是"在桌子上敲打食指"，食指成了被敲打的对象，与中文原稿语义不符，应改为 frapper（frapper doucement 或 tapoter）la table de l'index。

4）翻译软件将汉语"叩首"转换成法语 la prostration，但 prostration 实际的意思是"匍匐在地"，是宗教礼拜仪式中行礼的动作，是将脸朝地面整个身子和四肢都匍匐在地上，不能用来转换"叩首、磕头"。这个词属于很少使用的生僻词，甚至在《拉鲁斯法汉词典》中都没有给出"匍匐在地"的意思，只给出了"沮丧、消沉、精疲力竭"的意思 [①]。"磕头、叩首"法语应当转化为 se prosterner 或 la prosternation，这个词所指的动作可以不必全身匍匐在地，而只是跪地俯身。

5）la prosternation des remerciements 给出的语义是"感谢的伏拜"，其中"感谢"是"伏拜"的主语（施动者），这说不通。"磕头感谢"应改为 remercier en se prosternant 或 exprimer les remerciements en se prosternant。**注意**：在使用 exprimer les remerciements 来转换"表达感谢"时，经常需要考虑上下文而必须将 les remerciements 的 les（复数定冠词）改为相应的物主形容词。

6）如果"江南"转换为 Jiangnan，那就必须添加冠词 le。西欧以外国境内较大的地区（包括中国的省或自治区），法语通常处理为阳性名词，例如 le Zhejiang "浙江"、le Guangxi "广西"。但是，很多法国人并不清楚我们中国的浙江、广西为何物，所以，为了方便他们理解，我们最好说 la province du Zhejiang、la province du Guangxi。鉴于江南是一个很大的区域，覆盖数个省市，所以可将之转化为 la région du Jiangnan。当然也可以采用标准稿的模式，将"江南"处理成一个方位：…Qianlong se promène au Sud du fleuve Yangtsé…。

7）学生译句 alla à Jiangnan 中的 alla 有两处不妥：首先，alla（原形动词 aller）"去"表示从某地（说话人所处的地方）到另一个地方（说话人不在的地方）的移动，而本文场景说的是乾隆到了江南以后的微服私访，故应改为 se promener 或 visiter 等表示在江南游览、游历、玩、参观等；其次，简单过去时通常表示在过去某个时间点上发生的"点状"动作，如果同一语篇中还有其他简单过去时的动词，那么就意味着，先出现的简单过去时动词的动作完成以后，后出现的简单过去时动词的动作才发生；倘若出现未完成过去时动词，那么，未完成过去时动词就会被理解为简单过去时动词的背景，或被理解为"线状"的延续状态，衬托简单过去时动词的动作。所以最好改为 se promener 或 visiter 的现在时或未完成过去时。如果一定要使用 aller 这一动词，应改为 Qianlong est allé…（复合过去时），给出"说话人邀请受众聆听乾隆到了江南以后在江南游览时发生的故事"的潜台词。

学生稿四：Conte sur le remerciement de génuflexion par frappement d'index sur la table : Qian Long descend dans les régions au sud du fleuve Yangtsé

1）关于 le remerciement、frappement（frapper）、Qian Long、descend（descendre）、dans les régions au sud du… 的不妥，请参阅上文解释。

2）conte "故事、短篇小说"的主轴语义是"带有想象成分的历险故事"，

---

① 《拉鲁斯法汉词典》，北京：商务印书馆，2014。

而本文中的乾隆下江南却是一个在历史上真实发生过的故事，既没有"历险"，也应当避免给人"想象"的感觉，故应改为 histoire。

3）法语介词 sur 的基本用法有：

a. "在……之上"，表示位置，例如：mettre sa tête sur un oreiller "把头枕在枕头上"、monter sur un bateau "登船"；

b. "朝……上面、在……上面"，引出动作的对象，例如：La foudre est tombée sur le clocher "雷电击在钟楼上"、instituer un impôt sur le capital "制定资产税"；

c. "向着……、朝着……、靠近"，表示方向，例如：Les troupes marchaient sur la capitale "部队向首都挺进"、Revenir sur Paris "回巴黎"；

d. "将近、接近、左右"，表示时间，例如：être sur le départ "即将出发"、Cela a dû se produire sur les onze heures "这事应当发生在 11 点左右"；

e. "高于、胜于"，表示影响、优势，例如：l'emporter sur tous les concurrents "战胜所有对手"、avoir de l'autorité sur qqn "对某人有威信"；

f. "从……中、在……中"，表示比例、大小，例如：Sur cent candidats, sept ont réussi "100 名候选人中有 7 名成功了"、une pièce de deux mètres sur dix "一间宽 2 米长 10 米的屋子"、Il a eu douze sur vingt à sa dissertation "他的作文在满分 20 分中得了 12 分"；

g. "关于、对于"，表示内容、主题，例如：Se prononcer sur un projet "对某个方案发表意见"、S'expliquer sur qqch "就某事做出解释"；

h. "根据、按照、靠、凭"，表示标准、条件、理由，例如：Juger qqn sur la mine, sur les apparences, sur le mérite "根据表情判断人、以貌取人、根据功过判断人"。[①]

从以上《拉鲁斯法汉词典》的释义中我们可以发现，介词 sur 在后跟抽象内容时，大都是以后跟名词所表达的内容为"基础"，前置的谓语动词所表达的内容在这基础之上展开，并且通常是带有评论、评判性的内容。而本文场景则是为了叙述历史故事，故在此无法使用介词 sur。如果一定要使用 conte，可以改为 Conte qui raconte l'histoire du remerciement...，但 conte 和 raconte 放在一起，有重复之嫌，故可改为 Conte qui relate l'histoire du remerciement...。不过，这两种处理方式都显得过于累赘，不如改为 L'histoire du remerciement... 来得简单明了。

4）génuflextion "屈膝下跪、跪拜" 经常用于欧洲王室礼仪或基督教信徒进行祷告等仪式的场景中，只是 se mettre à genoux "下跪在地上"，但没有 "磕头、

---

① 《拉鲁斯法汉词典》，北京：商务印书馆，2014。

弯下整个身子直至额头碰到地面"的语义。

5）如果必须使用 par frappement，那么，frappement 前也应当添加定冠词 le，因为在法语中，除非特别需要，所有名词都必须由冠词引出。

6）我们可以说 frapper（tapoter）de l'index 或 frapper（tapoter）avec l'index，但是却不能说 frapper（tapoter）d'index，index 前必须有定冠词。

7）除了 commencer par + 不定式和 finir par + 不定式这两个结构以外，par 后通常不跟动词。法语也没有"par + 动名词"的句型。**注意**：凡是出现"以某个举止动作来表达某个意义"时，法语通常使用"主句谓语 + 副动词作状语"的句型予以表现，如本文标准稿。

学生稿五：Une histoire d'exprimer le remerciement en frappant avec l'index sur la table au lieu de frapper la terre du front : Qianlong est allé à Jiangnan pour voyager.

1）法语 une histoire 后面不能跟 de + 动词不定式，应改为 Une histoire dans laquelle on exprime... 或 Une histoire qui raconte comment on a commencé à exprimer...。**注意**：汉语的"的"跟在定语之后引出被修饰的名词，从汉语转换到法语时除了 de 以外，还有其他介词或关系代词，例如：Je suis étudiant à l'Université Fudan "我是复旦大学的学生"、une chaise en bois "木制的椅子"、le livre que tu as acheté hier "你昨天买的书"、la fille dont il m'a parlé "他向我谈起的那位姑娘"、La maison devant laquelle il y a une voiture "前面停着一辆车的那幢房子"。在法语中，当一个名词（例如"故事"）被定语从句（例如"食指敲打桌子以示叩首感谢"）修饰时，应当使用关系代词引出定语从句，而不能简单地将其中的谓语动词变成不定式。

2）关于 le remerciement、frappant（frapper）sur la table 和 frapper la terre du front 的不妥，请参阅上文解释。

3）如果保留 Jiangnan，因为江南是一大块区域，故 ...est allé à Jiangnan... 应改为 ...est allé dans le Jiangnan...，也可改为 ...est allé dans la région du Jiangnan...。

4）法语 voyager "旅行、旅游"指在相距很远的两地之间的移动，顺便旅游。Qianlong est allé à Jiangnan pour voyager 给出的语义是"乾隆去了江南以便在江南做长途旅行"，与中文原稿所需语义不符。故应改为 Qianlong est allé à Jiangnan pour visiter 或 Qianlong est allé à Jiangnan pour faire du tourisme。

学生稿六：Une histoire sur la raison de frapper la table avec l`index pour montrer de la reconnaissance : l'empereur Qianlong visitait Jiangnnan.

1）关于 sur、frapper la table、Jiangnnan 和 empereur 的不妥，请参阅上文解释。

2）法语没有 une histoire sur qqch 的表达方式，如果一定要表达"关于……的故事"，可以说 une histoire concernant qqch，但此处最好还是改为 une histoire qui explique...，关于 concernant 用在此处的不妥，请参阅上文解释

3）除了 avoir raison de faire qqch "有理由做某事"的表达方式以外，法语没有"raison de + 不定式"的表达方式，raison de 通常后跟名词，例如：la raison de sa colère "她愤怒的原因"、les raisons de la récession économique "经济衰退的原因"。如果"原因"作为名词受到一个动词原形的修饰，而且这一原形动词后还跟有宾语及其方式状语，那就需要原形动词及其后跟的宾语和方式状语变成句子，并用 pour laquelle 引出：Une histoire qui explique la raison pour laquelle on frappe...。当然，出于精简的原则，Une histoire qui explique la raison pour laquelle on frappe... 最好改为 Une histoire qui explique pourquoi on frappe...。

4）reconnaissance 有多种语义，在用作"感谢、感激"的语义时，主要表示对某人的感激之情，而不是对某人表示感谢这一具体动作或言语行为。而且，因为 de la reconnaissance 中使用了部分冠词，给出的语义是"部分感激之情"，那剩余的部分又是怎么回事呢？

【学生提问】

remerciement、reconnaissance 和 gratitude 都有"感谢"的语义，之间有何区别?

【教师回答】

remerciement、merci 说的是"感谢"这一动作的发生，reconnaissance、être reconnaissant "具有感激之情"突出感激的情感，至于 gratitude 则几乎是 reconnaissance 的同义词，如果这两个词之间一定有什么差别的话，那就是 reconnaissance 所表现的感激之情可能会表现在行动上，而 gratitude 通常深藏在内心。在本文语境中，主要是出于避免重复的目的而使用这三个词语，这三个词在本文语境中没有区别。**注意**：法语通常说 être reconnaissant à qqn 或 être reconnaissant envers qqn，avoir de la gratitude envers qqn 或 avoir de la gratitude pour qqn。

- -

学生稿七：Une histoire sur l'index taper la table pour exprimer les remerciementsen se prosternant：Qianlong visite les régions au sud du fleuve Yangtsé.

1）关于 Une histoire sur + 名词、taper、les régions au sud du fleuve Yangtsé、exprimer les remerciements 的不妥，请参阅上文解释。

2）Une histoire sur l'index taper la table pour exprimer... 学生译句有多处不妥。法语没有 nom（名词）+ 动词原形 + 名词（直接宾语）的表达方式；况且，即便将 taper 改为现在分词 tapant，那 Une histoire sur l'index tapant la table pour exprimer les remerciements... 给出的语义也是"一个关于为表达感谢而敲击桌子的食指的故事"，与中文原稿语义不符。

学生稿八： Une histoire sur l'utilisation d'un index pour frapper sur la table pour exprimer ses respects et remerciementsàla place de la prostration : l'empereur Qianlong est allé régions au sud du fleuve Yangtsépour défiler.

1）关于 Une histoire sur、frapper、empereur、régions au sud du fleuve Yangtsé 的不妥，请参阅上文解释。

2）l'utilisation d'un index 给出的潜台词是"某人有多个 index，这次只使用其中的一个"，与中文原稿语义不符。

3）中文原稿中并没有"尊重"两字，故 respects 是多余的，应予以删除。而且，如果要使用 respect 表达"尊重"，也应当使用单数，否则就会含有"不同方式的尊重"的语义，在本文中没有必要。法语不太常用 exprimer ses respects（son respect）的表达方式，与 respect 搭配的动词是：marquer du respect、témoigner de son respect、manifester du respect、accorder son respect à (pour、envers、à l'égard de qqn) 等。

4）法语 prostration "沮丧、消沉、精疲力竭"经常用于医学治疗的语境中，表"神经衰弱"。

5）défiler 用作不及物动词时，其语义是"络绎不绝、鱼贯而行、接连不断、成纵队列进"，在本文中是多余的，应予以删除。

6）l'empereur Qianlong est allé régions au sud du fleuve Yangtsé 中的 allé（aller）后跟地点状语时，地点状语必须用介词引出，名词 régions 前必须有冠词。

2. 1）"有些客人嘴上不说谢谢"没有必要予以转换，应当先说"用手指弯曲起来敲敲桌子"。

2）"我们中国人"在汉法转换时，通常只转换"中国人"，因为"我们"和"中国人"这一同位语组合在法语中没有对应的表达方式，如果强行转换，则会不符合法语习惯。"我们中国

中文原稿：

我们中国人在给客人斟酒或者倒茶的时候，有些客人嘴上不说谢谢，而用手指弯曲起来敲敲桌子以表谢意。许多法国人对此不是很理解。

人"可以指一个、多个或全体中国人，故标准稿采用了 un Chinois 予以转换：Lorsqu'un Chinois sert... "当有一个中国人斟…的时候"。

3）"酒"在汉语中是集合名词，包含不同的种类，而法语并没有相应的单词，所以标准稿采用组合词 boisson alcoolisée。

4）il arrive que + 从句 "有时发生……、偶尔会出现……的情况" 表示有些场合会出现这类情况。

5）"敲桌子"可以转换为 tapoter la table 和 frapper sur la table 两种方式。tapoter la table 表示"多次用手指或东西轻拍、轻敲"的语义，法国人通常用来表示"无所事事地敲"，而通常敲击超过三次；标准稿采用 frapper sur la table，旨在表示"慎重地敲"，doucement "轻轻地"表达的是方式。

6）en guise de "作为、当作、替代"介词短语，例如 En guise de paiement, je lui ai donné mon manteau "我把大衣给了他作为付款"、Il a enlevé sa casquette en guise de salut "他脱帽致意"。该表达经常出现在正式场合或正式的文件中：Je vous prie de bien vouloir recevoir mes plus sincères salutations en guise de remerciement "请接受我最诚挚的敬意，作为我对您的感谢"。

7）gratitude "感谢、感激"的使用旨在避免重复使用 remerciement。

8）"对此不是很理解"已经涵盖了"这到底是怎么回事"的语义，故省略了"这到底是怎么回事"的汉法转换。

9）标准稿将 en fait "其实"放在句首，旨在突出后跟的句子是其解释。

10）"其实是有一个故事的"的真实语义是"（手指弯曲起来敲敲桌子）这一动作源于一个过去确实发生在中国的故事"，故给出了 ce geste trouve son origine dans une histoire qui s'est passée jadis en Chine。其中的 trouver son(leur) origine dans une histoire... "源于……的故事"，我们在用法语介绍某个中国典故、习俗、成语时都可以使用，请同学们记住。jadis "从前、过去、以往"属于优雅的文学用语，表示"在遥远的过去"。

这到底是怎么回事，其实是有一个故事的。

标准稿：

Lorsqu'un Chinois sert une boisson alcoolisée ou du thé à ses invités, il arrive que certains d'entre eux frappent doucement sur la table avec leurs doigts repliés en guise de remerciement. Frapper doucement sur la table de cette sorte est une façon d'exprimer sa gratitude. Bon nombre d'amis français ne comprennent pas ce que signifie ce geste. En fait, ce geste trouve son origine dans une histoire qui s'est passée jadis en Chine.

【学生提问】

ce geste trouve son origine dans une histoire qui ... 能否改为 ce geste provient d'une histoire qui ... ?

【教师回答】

学生建议达意，但因为 provient←provenir "起源于、来源于" 是 pro + venir 的组合词，除了表示来源以外还表示原因，我们可以说 Sa réaction provient de sa haine "他的反应源于他的仇恨"、Ce résultat provient d'une erreur de calcul "这个结果是由于计算错误造成的"。在本文场景中，这一 histoire 并非是 "用手指弯曲起来敲敲桌子" 这一动作的原因，而是在叙述 "用手指弯曲起来敲敲桌子" 是怎么来的。故 provenir 用在此处不妥。

- -

学生稿一： En Chine, lorsqu'un hôte sert de l'alcool ou du thé pour ses invités, certains d'entre eux ne disent pas « merci », mais ils tapotent la table avec des doigts pliés pour exprimer leur remerciement. Beaucoup de français ne comprennent pas bien cela. De quoi s'agit-il ? En fait, il s'agit d'une anecdote.

1）alcool "醇、乙醇、酒精、烧酒、白酒、含酒精的饮料" 通常指烈性酒，用在此处虽可以达意，但最好改为 boisson alcoolisée。

2）"为某人斟酒、倒茶" 法语转换为 servir de l'alcool ou du thé à qqn，其中 "某人" 为间接宾语，由介词 à 引出。学生译句 pour ses invités 给出的语义 "为了客人们或替代客人们"，与中文原稿所需语义不符。

3）关于 pliés、单数 remerciement 的不妥，请参阅上文解释。

4）il s'agit de "问题在于、关于、涉及" 是 "是" 的强调说法，cela "这" 指代以上所说的 "手指弯曲起来敲打桌子" 这一动作，但并不是 une anecdote "趣闻、轶事、小故事"，故 il s'agit d'une anecdote 应改为 il s'agit d'un fait qui s'est réellement passé et qui est repris dans une anecdote。

【学生提问】

"有些客人嘴上不说谢谢" 是否应当转换为 certains Chinois qui ne disent pas verbalement merci ?

【教师回答】

没有必要。因为 dire merci 通常都是口头的，添加 verbalement "口头上、嘴巴说"就重复累赘了。

- -

学生稿二：Il y a des invités chinois qui expriment leur remerciement en tapant des coups sur la table avec la jointure de l'index quand le hôte leur sert de l'alcool blanc ou du thé, de nombreux Français ne comprennent pas cette manière d'exprimer le remerciement, en fait, cela est d'origine d'une histoire.

1）该学生译句太长了，显得很累赘！我们在进行法语造句时，首先要学会使用句号进行切断。通常是一层意思说完了，就得使用句号予以了结。故学生译句可以使用句号切分为三段：（1）Il y a des invités chinois qui expriment leur remerciement en tapant des coups sur la table avec la jointure de l'index quand le hôte leur sert de l'alcool blanc ou du thé. （2）De nombreux Français ne comprennent pas cette manière d'exprimer le remerciement. （3）En fait, cela est d'origine d'une histoire.。

今后无论我们做口译、做笔译还是使用外语写文章，都可能遇到被翻译的中文原稿中存在着语病（包括标点符号）或我们自己的思路不是很清晰的情况，对此，我们一定要警惕。无论是否遇到这些情况，我们在翻译之前，都得先对被翻译的中文原稿和我们自己的思路进行"过滤"，找出其真正想表达的意思，然后再用外语将其组织成符合外语受众接受习惯，并让他们感到惬意的语句，包括外语标点符号的正确使用。

《乾隆下江南》这篇中文原稿是学生写的，其中存在着诸如标点符号、用词、句法语法、逻辑方面的问题。这就需要我们学生在翻译之前首先进行"过滤"，然后再着手进行汉法转换。我们的精简与归一法语课堂通过翻译的方法来让学生掌握法语，其中一个方面就是通过翻译活动发现学生在母语端存在的问题。[1]

---

[1] 精简与归一教学法的具体操作参见：《精简与归一：蔡式教学法或以翻译为统筹的教学法》（蔡槐鑫、赵英晖著，上海三联书店，2010 年）及《精简与归一教学法：教－学程序指南》（王珊珊、赵英晖著，上海三联书店，2025 年）。

2）中文原稿"有些客人嘴上不说谢谢"中"有些"的使用旨在表明并非所有的中国客人，而只是中国客人中的一部分。转换成法语，只要用复数的不定冠词即可：des Chinois。因为在法语中，复数不定冠词 des 引导的名词很少做主语，故 des Chinois 应改为 certains Chinois。而 certains Chinois "某些中国人"在某些情景中会有负面的潜台词，故最好改用标准稿的方式：un Chinois。

3）关于 tapant (taper) des coups、jointure、单数 remerciement 的不妥，exprimer le remerciement 应改为 exprimer leurs remerciements、定冠词改用所有形容词的说明，请参阅上文解释。

4）法语定冠词 le 一定是指代前面说过的人、物或事，但上文中并未出现过 hôte，所以读者不知道 le hôte 指的是谁？否则就是所有的 invités 只有一个 le hôte，与中文原稿所需语义不符。故应改为 leur hôte。

5）alcool blanc "白酒、白色的烈酒"，与中文原稿所需语义不符。

6）être d'origine 通常后跟表示国家、社会阶层、时代、宗教、文化、语言的形容词，但不能后跟名词。例如：Il est d'origine française "他的祖籍是法国"、être d'origine modeste "他出身卑微"、une coutume d'origine ancienne "一个源于古代的习俗"、un messianisme d'origine chrétienne et bourgeoise "一种源于基督教和市民阶层的救世主降临说"、mot d'origine grecque "一个源于希腊文的词汇"。①

学生稿三： Quand nous, les Chinois, donnons à nos invités un verre de vin ou un thé, plusieurs Chinois ne disent pas merci, mais on courbe les doigts et frappe sur la table pour exprimer les remerciements. Beaucoup de français. En fait, il y a une histoire.

1）关于 frapper 的不妥，请参阅上文解释。

2）当表示"将身体的某个部位弯曲一下"的语义时，courber 只能后跟 la tête、l'échine、le corps、le dos 等名词，但不能后跟 un doigt 或 l'index 等表示手指的名词；弯曲 un doigt 或 l'index 只能使用 replier。

3）Quand nous, les Chinois, donnons à nos invités un verre de vin ou un thé 这一学生译句很不错了，基本做到了达意，而且也没有法语错误。但若能将之改为 Quand nous servons à nos invités un verre de vin ou une tasse de thé 则更好，因为 nous, les Chinois 稍有强调过重的感觉；donnons←donner "给、给予、送给、赠与"用来转换"斟、倒"，属于日常口语，规范法语应当使用 servir；un verre de vin ou un thé 表达有误，应改为 un verre de vin ou une tasse de thé。

---

① *Le Nouveau Petit Robert,* Paris : Le Robert, 2009.

4）plusieurs "好几个" 通常表达 "比较多" 的语义，而本文场景只要求表达 "一些、某些"，故应改为 certains。

5）如果要尽量维持学生译句，plusieurs Chinois ne disent pas merci, mais on courbe... 中的 on 要改为 ils，否则，plusieurs Chinois 和 on 就会是两拨不同的人了。

6）les remerciements 应改为 leurs remerciements，否则无从知道 les remerciements 是谁的 "感谢"。

【学生提问】

un thé 和 une tasse de thé 有何区别？

【教师回答】

thé、bière、jus de pomme 等饮料都是不可数名词，但在饭店、酒吧或咖啡馆等付费的商业场所则可以说 un café、une bière、un jus de pomme。其中的 un、une 是 "一份" 的语义，用来计算付费，如果要再喝（续杯），则要另外付费，但这属于口语化表达方式。人们在自己家里或其他不需要考虑付费的场合享用时，通常都采用部分冠词引出饮料名词：boire du vin、du thé、du café、de la bière、du jus de pomme 等等，潜台词是可以随意续杯，不用付钱。法国人在表达自己要喝什么时，也经常在饮料名词前加上量词，例如：un verre de bière、une tasse de thé，通用于付费的商业场所和非商业场合。法国人喝的茶通常都是红茶，而且通常都是放在不透明的杯子（une tasse）里喝的，久而久之，无论是红茶还是绿茶，都是用不透明的 tasse 来喝了。通常，法国人喝咖啡、茶、热巧克力、用 tasse，但是喝葡萄酒、香槟、啤酒、果汁、水通常都使用透明的 verre。当然这些习惯都是出现在餐馆或邀请他人用餐、喝饮料时的场合，如果是一个人自己在家或在单位单独喝，在杯子的选用上就会较为随意了。

【学生提问】

prendre du thé 和 boire du thé 这两个表达，哪个更正确？

【教师回答】

thé 首先指茶叶，在上下文清楚的前提下，也可以指茶水，例如：prendre du thé、boire du thé。但是，最好说 prendre une tasse de thé、boire une tasse de thé。在餐馆、茶楼等地，prendre du thé、prendre une tasse de thé 既可以表达 commander "点（饮料、菜）" 的语义，也可以表示 "喝茶" 这一动作本身。

7）français 用作名词表达 "法国人" 的语义时，第一个字母要大写：beaucoup de Français。

8）除了 savoir、vouloir、devoir、pouvoir 这样的情态动词以外，其他动词通常使用中性代词作直接宾语，替代前面所提到的事情。如果其他动词要使用直接宾语人称代词替代前面所提到的事情，那就应当先将前面提到的事情变为名词，然后再使用直接宾语人称代词予以替代。但在本文场景中，只要将 "很多法国人对此不太理解" 中的 "此" 转换成 ce geste 即可表述清楚：... ne comprennent pas ce geste。

9）En fait, il y a une histoire 给出的语义是 "实际上，有一个故事"，无法转换中文原稿的 "其实是有一个故事的"，因为 il y a une histoire 句子过于简单，法语受众接收到这一语句时，在第一时间并不会联想这句话一定是用来承接前面所述内容的，可能会以为是与前面所述内容没有关系的另外的故事。故应改为 En fait, il y a une histoire qui explique l'origine de ce geste。

10）学生稿倒数第二句没有翻译完全。

学生稿四：Certains Chinois ne vont pas dire merci, mais ils vont plier leur doigt et frapper sur la table pour exprimer leur gratitude, quand quelqu'un leur sert à boire ou verse du thé. Mais beaucoup de Français ne le comprennent pas. En effet, c'est une histoire.

1）关于 certains Chinois、plier leur doigt、frapper、gratitude、中性代词 le 在本文中的不妥，请参阅上文解释。

2）最近将来时表达在说话人说话时还没有发生、但马上就要发生的事，而本文场景却说的是普遍现象，所以 Certains Chinois ne vont pas dire merci 应改为 Certains Chinois ne disent pas merci。同理，如果维持学生译句，应将 mais ils vont plier leur doigt et frapper sur la table pour exprimer leur gratitude 改为 mais ils replient leur doigt et frappent sur la table pour exprimer leur gratitude。

3）人的一只手通常有五个手指，而前文没有提及过是哪个手指，所以学生稿中的 leur doigt 应改为 leurs doigts 或明确说明是食指 leur index。

4）quand quelqu'un leur sert à boire ou verse du thé 没有语法错误，也能达意。但其中的 quelqu'un 最好改为 on，首先因为 on 更短，句子显得更轻盈；其次是因为 quelqu'un 也可以指已知范围里的某个人，但具体不知道是谁，这就又会使读者产生一些联想。而 on "人们" 则不会。

5）en effet 要求前后两句之间存在因果或果因关系，而中文原稿 "这其实是有一个故事的" 中的 "其实" 并不表达因果或果因关系，故应改为 en fait。

6）c'est une histoire "这是一个故事" 无法转换 "其实是有一个故事的"，故应改为 Il y a derrière ce geste une histoire。

学生稿五：Lorsque les Chinois servent de l'alcool ou du thé aux invités, même si certains ne disent pas merci, ils courbent l'index et frappent sur la table pour s'exprimer leur remerciement. Beaucoup de Français ne savent pas pourquoi. En fait, il y en a une histoire.

1）从表面上看，"我们中国人"确实应当转换成复数，部分的复数或者全部的复数。但是法语除了特别强调，没有必要说 nous les Chinois，否则就会有过于拖沓之感。从上下文看，没有必要在此强调。但是，如果将"我们中国人"转换为 les Chinois，那么 les Chinois servent de l'alcool ou du thé… 就会给出"（全体）中国人（一起）……斟酒或者倒茶"的错误语义，故应改为单数：Lorsqu'un Chinois sert une boisson alcoolisée ou du thé…"每当（一个）中国人……斟酒或者倒茶的时候"，这样不仅覆盖了全体中国人，而且避免了使用复数会带来的错误语义。

2）关于 alcool、courber、frapper、单数 remerciement 的不妥，请参阅上文解释。

3）复数定冠词连同后跟的名词指代上文已经提及的人、事或物，或者是世界上全部的人、事或物。学生稿中 aux（= à + les）invités 中使用了复数定冠词 les 不妥，因为前文并没有提及过，而且也不能将世界上所有的 invités 囊括进去，故应改为 les Chinois servent…à leurs invités 或最好改为 un Chinois sert … à ses invités。**注意：**凡遇到表示人的名词，例如老师、学生、嘉宾、客人、朋友，在有上下文的情况下，经常需要使用主有形容词引出，我们要予以注意。

4）本文场景说的是时常发生在有些国人身上的现象，而 même si"即使、即便"的主轴语义则是"表示假设的让步，所表示的条件可以是尚未实现的事情"，与中文原稿语义不符。如果一定要使用连词将前后两句链接起来，可以采取学生稿一的解决方式：…certains d'entre eux ne disent pas « merci », mais ils tapotent…。

5）certains 在此稍有不妥，因为 certains 后没有说明范围，法语受众可能会花费精力去推断 certains 是指代 les Chinois 中的一些人还是指代 invités 中的一些人，故最好做些添加：certains d'entre eux 或 certains de ces derniers。

6）s'exprimer"表达、表达思想、表现、显露"的主轴语义是"表达思想、表达感情"，其中 exprimer 是"表达、表现、显露"，而 s'（自反代词 se 的省音形式 ◀se + exprimer）则是 exprimer 的实际直接宾语，所以 s'exprimer 不能后跟其他宾语。

7）Beaucoup de Français ne savent pas pourquoi 这一造句能达意，但是属于非常口语化的表达方式，因为 pourquoi 是疑问词，在规范法语里应当位于句首。

故应改为 Beaucoup de Français ne connaissent pas l'origine de ce geste。**注意:** 这一口语化表达方式最早出现在法国北部，类似于 Je ne sais pas pourquoi、Tu me dis quoi，但现在已频繁出现在法国年轻人的口语中。

8）il y en a une histoire 存在两个问题：

- 首先，如果副代词 en 用作名词的补语，则被限定的名词必须使用定冠词，例如：Ce projet m'inquière car j'en connais tous les dangers "这个方案令我不安，因为我了解所有的风险"；Je n'ai pas lu ce livre; j'ignore même qui en est l'auteur "我没有读过这本书，我甚至连作者是谁都不知道"[①]。学生译句 il y en a une histoire 既然使用了副代词 en，说明已经承接了上文，已经对 histoire "故事" 做了明确的限定，那么，une histoire 就应改为定冠词：il y en a l'histoire。
- 其次，il y en a une histoire 或 il y en a l'histoire 给出的语义是 "有一个（这、这方面）的故事"，法语受众依然难以理解。如果尽量维持学生译句，应改为 En fait, il y en a une histoire liée à cela "实际上，有一个故事与这有关" 或 En fait, il y a une histoire qui explique ce geste "实际上，有一个故事（可以）解释这一举止（的缘由）"。

学生稿六： Lorsque les Chinois versent le thé ou servent à boire à leurs invités chinois, certains d'entre eux expriment les remerciements en frappant sur la table avec leurs doigts courbés. Beaucoup de Français n'y comprennent pas. Pourquoi c'est comme ça ? L'histoire suivante est l'origine de ce comportement.

1）关于 les Chinois、exprimer les remerciements、frappant (←frapper)、courbés (←courber) 的不妥，请参阅上文解释。

2）versent (←verser) "倒、斟、移注" 的主轴语义是 "将液体从一个容器里倒进另一个容器里"。如果用于本文场景 versent le (du) thé，给出的仅仅是 "将茶倒入某个杯子里" 的语义，没有 "招待、服务" 的潜台词，故应改为 servir du thé。而且，法语也没有 verser du thé à qqn 的表达方式。

3）le thé 中使用了定冠词，属于比较严重的错误，应改为部分冠词 du thé。

4）leurs invités chinois 给出的潜台词是 "只有遇到中国客人时是这样的"，故 chinois 是画蛇添足之举。

5）法语没有 ... n'y comprennent pas (←ne pas y comprendre)... 这一表达方式，只有 ... n'y comprennent rien (←ne rien y comprendre)... 的表达方式：Je n'y comprends rien。这是因为 comprendre 是及物动词，而及物动词必须有宾语，rien 内含 ne + 宾语。而 pas 是否定副词，不含宾语，... n'y comprennent pas

① 黄新成，《法汉大词典》，上海：上海译文出版社，2002。

缺少宾语，句子不能成立。在某些日常生活场景中，有些法国人会说 Je ne comprends pas "我听不懂、我看不懂"。但是，Je n'y comprends pas 是绝对错误的。

6）Pourquoi c'est comme ça 是极其口语化的表达方式：首先，pourquoi 是 pour + quoi 的派生词，通常用来询问目的，而此处应当问原因，故规范法语应改为 quelle est la raison de ce geste；其次，在规范法语中，很少使用 ça，倘若一定要使用，也应改为 cela；再次，法语问句主谓语要倒装：Pourquoi est-ce…；另外，c'est 后通常跟用作表语的形容词、名词或用作地点状语的"介词 + 名词"，而 c'est comme ça 只能用于非常口语化的交流场景中。

7）L'histoire suivante est l'origine de ce comportement 可以达意，但存在以下几处不妥：首先，l'histoire suivante 意思是"下一个故事"，含有"已经讲完一个故事了，接下来再讲一个"的语义，故应改为 L'histoire que l'on va vous raconter；其次，comportement "举止、为人、表现"的主轴语义是"待人接物的整体表现"，而此处需要的只是手指敲打桌子以便替代叩头的动作和手势，故应改为 geste 或 toute la signification de ce geste；另外，L'histoire suivante (que l'on va vous décrire) est l'origine de ce comportement (de ce geste) 应改为 L'histoire que l'on va vous raconter est à l'origine de ce geste。**注意**：法国人在使用 origine 表达"某件事是另一件事的起源"时，l'origine 通常由介词 à 引出。综上所述，L'histoire suivante est l'origine de ce comportement 应改为 L'histoire que l'on va vous raconter est à l'origine de toute la signification de ce geste 或 L'histoire que l'on va vous raconter est à l'origine de ce jeu de remerciement。

学生稿七：En Chine, certains Chinois frappent la table au lieu de dire «Merci.» quand ils sont servi du thé ou du vin. Beaucoup de Français ne le comprennent pas. Alors, qu'est-ce que c'est que cette histoire-là ? En fait, ce procédé provient d'une histoire.

1）关于 certains Chinois、frappent（←frapper）、provient（←provenir）、中性代词 le 在此处的不妥，请参阅上文解释。

2）学生稿漏译了"三下"和"手指"。

3）法语动词 servir 的基本用法是 servir qqch à qqn 或 servir qqn，但是没有 servir qqn de qqch 的表达方式。故 quand ils sont servi du thé ou du vin 应改为 quand on leur sert du thé ou du vin。而且，同学们要注意被动态中的过去分词必须与主语的性数一致，法语中确实有 Madame est servie "夫人请用餐"这样的说法，过去分词 servi 与主语性数一致。另外，du thé、du vin = de + le thé、de + le vin，如果介词 de 是引出被服务的内容，那么剩下的 le thé 和 le vin 就成了"全部 thé"和"全部的 vin"了，这当然是不可能的，故应改为 de thé 和 de vin：其中 de thé= de（用了）+ du thé（部分茶），de vin = de（用了）+ du vin（部分酒）。

4）Qu'est-ce que c'est que cette histoire-là ? 是一个常见的表达方式，但因为其中的最后一个 que 用于表达怀疑、质询、批评等语气，相当于 Quelle est cette histoire que tu me racontes ?，与中文原稿所需语义不符。应改为 Que nous dit cette histoire ? 或 Que raconte cette histoire ?

5）procédé"方法、手段、操作法、制造法、制造工艺"的主轴语义是"为制作某个产品而采用的某种规定操作工艺"，很多个 procédé 构成一个 processus。这与中文原稿所需的"替代"的语义不符。

学生稿八： Quand nos Chinois servent de l'alcool ou du thé à leurs invités, certains invités ne dirent pas merci, mais ils tapent de leurs doigts à la table pour exprimer leur gratitude. Beaucoup de Français ne le comprennent pas beaucoup. Qu'est-ce qui se passe ? C'est en fait une histoire.

1）关于 alcool、tapent（taper）、gratitude、ne le comprennent pas、C'est...une histoire 的不妥，请参阅上文解释。

2）nos Chinois"我们的中国人"是说"属于我们的中国人"，与中文原稿所需语义不符。

3）certains invités ne dirent pas merci 中的 dirent 变位错误，应改为 disent。

4）tapent（tapotent）de leurs doigts à la table 应改为 tapent (tapotent) de leurs doigts sur la table。

5）"许多法国人对此不是很理解"中的"很"是"很好"的语义，转换成法语是 bien 或 très bien：Beaucoup de Français ne le comprennent pas bien 或 Beaucoup de Français ne le comprennent pas très bien。beaucoup 用作程度副词修饰谓语动词，大都用于以下两类动词：a. 修饰不及物动词谓语，表数量，例如：Ils ont beaucoup travaillé、Il mange beaucoup、Nous avons beaucoup marché 等；b. 修饰表示感情、喜爱的动词谓语，表程度，例如：Je l'ai beaucoup aimée、Il s'intéresse beaucoup à l'architecture、Elle me plaît beaucoup 等，但不能用来修饰表判断、分析、评估等的动词，故 Beaucoup de Français ne le comprennent pas beaucoup 应改为 Beaucoup de Français ne le comprennent pas bien，但最好予以省略，改为 Beaucoup de Français ne le comprennent pas。

6）Qu'est-ce qui se passe ?"怎么回事啊？"是问"那里（或这里）正在发生什么事啊"。而本文情景问的是某个习俗，故应改为 Que veut-il dire, ce geste ? 或 Que veut dire ce geste ?"这一动作表达什么意思呢？"

7）C'est en fait une histoire 给出的语义是"这实际上是一个故事"，法语受众无法知道其中的 ce（← c'est = ce + est）替代什么？应改为 Il y a en fait une histoire derrière tout cela、Cela revient d'une histoire、Cela prend sa source dans une histoire intérieure、Une histoire que l'on raconte résume bien ce fait-là。

【学生提问】

在什么情况下可以使用 C'est une histoire ?

【教师回答】

只有在前面有所铺垫，而且 histoire 后面必须跟有说明的情况下方可，例如：Je vais vous raconter l'histoire de Jacques et d'Alain, c'est une histoire qui remonte aux années 1960."我接下来给你们讲讲雅克和阿兰的故事，这是一个开始于 1960 年代的故事"。

- -

3. 1）"那个时候中国还在清朝"标准稿转换为 l'empire des Qing régnait sur la Chine，其中，régnait 是未完成过去时，表示过去，包含了"那个时候"的语义，所以标准稿省略了对"那个时候"的汉法转换。

2）"微服私访"可以转换为 effectuer des visites d'inspection, déguisé en civile。"到处"实际说的是"到处游山玩水"，故标准稿给出了 qui profitait de ses visites d'inspection, déguisé en civil, pour découvrir de nouveaux paysages 的标准译文。

3）因为前面出现了 qui aimait beaucoup voyager，故 qui profitait de ses visites d'inspection，也可以改为 qui profitait de ces visites d'inspection，其中的指示形容词 ces 确指 beaucoup voyager。

中文原稿：

250 年前，那个时候中国还在清朝，清朝第四个皇帝乾隆年轻时喜欢到处微服私访。

标准稿：

Il y a environ 250 ans, l'empire des Qing régnait sur la Chine. Qianlong, le quatrième Empereur était un jeune homme qui aimait beaucoup voyager et qui profitait de ses visites d'inspection, déguisé en civil, pour découvrir de nouveaux paysages.

【学生提问】

découvrir de nouveaux paysages 能否替换为 visiter de nouveaux paysages ?

【教师回答】

不可。学生建议虽然能达意，但和 de nouveaux paysages 配合的动词只能是 découvrir。

【学生提问】

empire 和 dynastie 之间有何区别？

【教师回答】

empire "帝国" 聚焦体制，而 dynastie "朝代" 聚焦于家族、执政的人。

- -

学生稿一：C'était il y a 250 ans, sous la dynastie des Qing, son quatrième empereur Qianlong était jeune et aimait bien parcourir son pays sous divers déguisements.

1）C'était il y a 250 ans "那是在 250 年以前的事了" 通常用于应接前面已经说过的内容，例如：Moi, je ne l'ai pas vu, c'était il y a 250 ans "我呢，没见过，那是 250 年前发生的事"、Il s'est passé cet événement : c'était il y a 250 ans "这事件已经发生了，那是 250 年前的事了"，但不能放在叙述的一开始，除非 C'était, il y a très longtemps, dans un pays où...。故学生译句应改为 Il y a 250 ans, ...。

2）sous divers déguisements "以多种不同的化装、以多种不同的微服"，与中文原稿所需语义不符。而且，divers "多变的、多样的、各种各样的" 的主轴语义是 "不同类的、数量很多、而且相互独立的人或物"，倘若放在名词前，承认互相之间存在区别，但强调数量大，例一：divers sens d'un mot "一词多义"；例二：Les universités et les grandes écoles françaises offrent diverses formations "法国高等院校提供很多培训"；例三：Pendant sa conférence, il a présenté divers projets "他在讲座上介绍了很多项目"。故学生译句使用 divers 不妥。

3）法语连词 et 如果用于连接两个句子，那被 et 连接的这两个句子的语义之间应当是没有关系的，但中文原稿所要表达的语义是 "是一位喜欢旅游的年轻人"，故应采用标准稿例句 ...était un jeune homme qui aimait beaucoup voyager...，或将 "在他年轻的时候" 处理成时间状语：Quand il était jeune, il aimait bien parcourir...。

学生稿二：Il y a 250 ans, la Chine était à l'époque de la Dynastie des Qing, le quatrième empereur fut Qianlong, il aimait voyager incognito en Chine durant sa jeunesse.

总体评析：

在以前的文学作品中，遇到叙述过去发生的事时，使用的动词基本时态大都是未完成过去时和简单过去时。今天，即便在文学作品中，我们也可以看到简单过去时被复合过去时替代，甚至有些作品全部使用现在时和复合过去时来叙述、描写过去的事，以便给受众身临其境的感觉。

如果采用未完成过去时和简单过去时作为动词的基本时态叙述过去的事，那么未完成过去时表达"面状""线性"的背景、状态或动作延续、开展的过程，衬托其间所发生并结束的简单过去时"点状"动作。

如果简单过去时被复合过去时替代，未完成过去时不受影响。换句话说，复合过去时可以替代简单过去时，但不能替代未完成过去时。这是因为，当复合过去时和未完成过去时一起出现在同一个篇章里时，未完成过去时依然表达"面状""线性"的背景、状态或动作延续、开展的过程，而复合过去时则（像简单过去时一样）是其间发生并结束的"点状"行为动作。

学生稿二使用了未完成过去时和简单过去时，时态选择正确。但在个别地方存在谬误：

1）Il y a 250 ans 是日常法语表达方式，可以用于本文场景中。

2）le quatrième empereur fut Qianlong 应改为 le quatrième Empereur était Qianlong。

- 首先，empereur 的第一个字母要大写；

- 其次，fut 是动词 être 的简单过去时变位形式。如果学生译句 le quatrième empereur fut Qianlong, il aimait voyager 成立，那其给出的语义是"在第四个皇帝喜欢旅游的过程中，他曾经当过乾隆"，与中文原稿所需语义不符。

3）à l'époque de + 名词，通常用在句首。而且 Il y a 250 ans, la Chine était à l'époque de la Dynastie des Qing "250 年以前，中国在清朝时代"应改为 Il y a 250 ans, la Chine était gouvernée par les Qing "250 年以前，中国被清人（满人）统治"或 Il y a 250 ans, la Dynastie des Qing régnait sur la Chine "250 年以前，清朝统治着中国"。

4）voyager incognito "隐姓埋名地、匿名地旅行"是正确的用法。

5）durant sa jeunesse 有两个不妥：首先，从学生造句 Il y a 250 ans, la Chine était à l'époque de la Dynastie des Qing, le quatrième empereur fut Qianlong, il aimait voyager incognito en Chine durant sa jeunesse 的整个句子来看，其中的 durant sa jeunesse 应去除，因为 Il y a 250 ans "250 年前"已经明确给出了时间点，而 durant sa jeunesse "在他年轻时"与"250 年前"在时间上是什么关

系呢？其次，durant sa jeunesse、pendant sa jeunesse 和 quand il était jeune 之间的区别是 durant sa jeunesse 强调在年轻的整个过程中，其间通常没有空隙。而 pendant sa jeunesse 或 quand il était jeune 所表达的"期间"可以存在空隙，即是说，谓语动作发生在他青年期间，但并不一定在他的整个青年时代延续。

6）Il y a 250 ans, la Chine était à l'époque de la Dynastie des Qing, le quatrième empereur fut Qianlong, il aimait voyager incognito en Chine durant sa jeunesse 这段表述含有两层意思，但没有使用句号分成两句，给人句子过长、累赘的感觉，故应切断并简化为 Il y a 250 ans, la dynastie des Qing régnait en Chine. Son quatrième Empereur Qianlong aimait voyager incognito en Chine。

学生稿三： Il y a 250 ans, la Chine était encore à l'époque de la dynastie Qing, et le quatrième empereur s'appelait Qianlong, qui, dans son jeune âge, aimait faire des visites intimes dans le pays.

1）la Chine était encore à l'époque de la dynastie Qing 中的 époque "时代"和 dynastie "朝代"的语义有点重复，故应改为 la Chine était encore sous la dynastie Qing。

2）encore "还、尚、仍"的主轴语义表示动作继续进行或现象继续，并没有汉语中表示"早在、早已如此"的语义；从法语的角度看，Il y a 250 ans "250 年前"已经涵盖了"早在"的语义，encore 没有必要出现在此处情景中。

3）"清朝"有两种写法：la dynastie Qing 和 la dynastie des Qing。

4）s'appelait 源于动词 appeler "叫、叫来、招呼、呼喊、打电话"，用于"名叫"语义时，属于日常口语表达方式。在书面语中应使用 se nommer。

5）intime "内在的、内心的、深刻的、私下的、隐秘的、知己之间的"在此处场景中修饰 visites（visites intimes），与中文原稿所需语义不符。

6）学生译句 Il y a 250 ans, la Chine était encore à l'époque de la dynastie Qing, et le quatrième empereur s'appelait Qianlong, qui, dans son jeune âge, aimait faire des visites intimes dans le pays. 没有使用句号切断，而且也没有进行简化处理，导致句子太长，显得很臃肿，故应改为 Il y a 250 ans, la Chine était sous la dynastie Qing. Le quatrième Empereur aimait faire des visites incognito dans le pays lorsqu'il était jeune。

学生稿四： Il y a 250 ans, sous la dynastie de Qing, le quatrième empereur nommé Qianlong aimait visiter la Chine incognito dans sa jeunesse.

1）法国人习惯将"清朝""明朝""汉朝""唐朝"转化为 la dynastie des Qing、la dynastie des Ming、la dynastie des Han、la dynastie des Tang。

2）为避免"头重脚轻"（即句子的前端部分内容过多，而句子的后端部分内容很少），故应将 le quatrième empereur nommé Qianlong aimait visiter la Chine incognito dans sa jeunesse 改为 le quatrième Empereur nommé Qianlong aimait, dans sa jeunesse, visiter la Chine incognito。

学生稿五：Il y a 250 ans, la Chine était sous la dynastie des Qing où le quatrième empereur s'appelait Qian Long. Quand il était jeune, il aimait voyager incognito.

1）关于 Qian Long 的不妥，请参阅上文解释。

2）被关系代词 où 引导的关系从句修饰的名词必须是地点或时间段，où 在关系从句里做地点或时间状语，但 la dynastie des Qing "清朝"在本句中既不是地点，也不是时间段，不能用 où 引导的关系从句限定，应改为 dont "其"：la Chine était sous la dynastie des Qing dont le quatrième Empereur s'appelait Qianlong...。

学生稿六：Il y a 250 ans, la Chine était sous le règne de Qianlong qui était le quatrième empereur de la dynastie des Qings. Il aimait visiter tout le pays secrètement en s'habillant en civil quand il était jeune.

总评：该同学的汉法转换基本做到了达意，虽然存在着诸多小问题和瑕疵，但并不影响理解。然而，鉴于我们的目标是学会使用规范法语，故我们必须从细节入手，消除这些小问题和瑕疵。

1）关于 empereur 的不妥，请参阅上文解释。

2）secrètement "秘密地、悄悄地、隐藏地"的主轴语义是"不为人所知"，与中文原稿所需语义"微服私访"不符。

3）s'habiller "穿衣、打扮"的主轴语义是"穿得漂亮、衣服搭配合身"，与中文原稿所需语义"微服"不符；s'habiller 是代词式动词，凡代词式动词都描述动作的展开，因此 s'habiller 也是描绘"给自己穿衣、打扮自己"动作的展开，而"微服私访"是说到了"私访"时，"微服"这一穿衣动作已经完成，"微服"的结果已经成为状态，能让人以假身份进行"私访"；如果 Il aimait visiter...en s'habillant en civil 成立，那给出的语义则是"他喜欢一边私访一边（不断地）将自己打扮成平民"，与中文原稿所需语义不符。

4）tout le pays 给出的语义是"整个国家、国家的每个地方"，与中文原稿所需的"到处、不同的地方"的语义不符，故应删除其中的 tout。使用定冠词必须符合以下三个条件之一：或者上文已提及，或者是全世界的唯一，或者是总体概念。le pays 中的定冠词 le 不符合以上三个条件的任何一条。虽然根据上下文，读者可以推理出 le pays 是指中国，但毕竟需要花费脑力去推理，故应改为 Il aimait visiter son pays...。

5）在 Il aimait visiter tout le pays secrètement en s'habillant en civil quand il était jeune 这一学生译句中出现了三个动词 aimer、visiter 和 s'habiller，如果时间状语要同时修饰这三个动词，例如 quand il était jeune，那么 quand il était jeune 就得放置在句首：quand il était jeune, il aimait visiter son pays, habillé en civil。

学生稿七： En 250 av. J.- C., la Chine était régnée par le quatrième empereur de la Dynastie des Qing- Qianlong. Il aimait voyager incognito dans le pays quand il était jeune.

1）关于 empereur 的不妥，请参阅上文解释。

2）介词 en 后跟表示年份的数字时，例如 en 250，给出的语义是"在（公元）250 年"，与中文原稿所需语义不符。

2）av. J.- C. 是"公元前"的语义，与中文原稿所需语义不符。

4）régner "统治、执政、在位、当政"是不及物动词，没有被动态的形式，故应改为 gouverner：la Chine était gouvernée par le quatrième Empereur...。如果一定要使用 régner 来转换"……第四位皇帝统治中国"，可以说 le quatrième Empereur régnait sur la Chine。

5）dynastie des Qing 中 dynastie 的第一个字母不需要大写，小写即可。

学生稿八： Il y a 250 ans, la Chine était encore sous la dynastie Qing, le quatrième empereur s'appelait Qianlong. Il aimait faire le tour du pays en tenue civil quand il était jeune.

总评：这段学生译文很不错！

1）关于 encore 的不妥，请参阅上文解释。

2）la dynastie Qing 和 la dynastie des Qing 都可以用来转换"清朝"。

3）en tenue civil 应改为 en tenue civile。

4. 1）在这一段文字中，"……一个富商"之前的部分应当是"到一家茶馆喝茶"的背景铺垫，而作为背景铺垫，其谓语动词都应当使用未完成过去时。"到一家茶馆喝茶"和"皇帝亲自给大臣倒茶"作为事件的展开，则应当使用复合过去时或简单过去时。"有一次"通常用于宣告故事的开端，但在中文原稿中却被放置在了背景铺垫的

中文原稿：

有一次，他化装成一个年轻侍卫下江南去旅游。他的大臣由于年纪较大，于是化装成一个富商。他们到了一家茶馆喝茶。因为乾隆年纪比较小，所以给大臣倒茶。皇帝亲自

开始，故标准稿省略了对"有一次"的汉法转换。

2）为了突出该部分是背景铺垫而非事件的展开，标准稿添加了"有……的习惯/爱好"：L'Empereur avait pour habitude de voyager au sud du fleuve Yangtsé。

3）标准稿在"他的大臣"前加上了 accompagné "陪同"，accompagné de son ministre... "由他的大臣陪同"旨在做一清楚说明。

4）qui était traversti 中的 traversti ← travestir 是 déguiser 的近义词，用在这里旨在避免重复。如果要对两个词做辨析，那么 déguiser"化装、伪装、掩盖"的主轴语义是"让人认不出原来的身份"，而 travestir "化装、乔装改扮"并不凸显"掩盖"的意思。

5）en raison de son âge "因为其年纪"在这里的潜台词就是"年龄较大"。

6）Lors d'une de leurs visites 旨在转化"有一次"并引出用复合过去时讲述的事件。

7）"到了一家茶馆喝茶"中的"到了"实际是旅游途中在一家茶馆停顿休息，故标准稿给出了 ils se sont arrêtés dans un salon de thé 的译文。**注意**：法语 ils se sont arrêtés dans un salon de thé 已经内含了"喝茶"的语义，故没有必要再转换"喝茶"一词。

8）中文原稿"因为乾隆年纪比较小，所以给大臣倒茶"这一表述欠妥。实际上，乾隆给其大臣倒茶不仅是因为他年轻，更是因为他是个侍卫的缘故，故标准稿给出了 pour respecter leurs rôles respectifs "为符合他们各自的角色"。

给大臣倒茶，是很严重的一件事情。

标准稿：

L'Empereur avait pour habitude de voyager au sud du fleuve Yangtsé, déguisé en jeune garde du corps, accompagné de son ministre qui était travesti en homme d'affaires fortuné, en raison de son âge. Lors d'une de leurs visites, ils se sont arrêtés dans un salon de thé et, pour respecter leurs rôles respectifs, l'Empereur a dû servir du thé à son vieux ministre. Évènement inconcevable : l'Empereur servant du thé à l'un de ses subordonnés !

注意：今后无论我们做口译、做笔译还是使用外语写文章，都可能遇到被翻译的中文原稿中存在着语病（包括标点符号）或我们自己的思路不是很清晰的情况，对此，我们一定要警惕。无论是否遇到这些情况，我们在翻译之前，都得先对被翻译的中文原稿和我们自己的思路进行"过滤"，找出其真正想表达的意思，然后再用外语将其组织成符合外语受众接受习惯，并让他们感到惬意的语句，包括外语标点符号的正确使用。比如，按照精简与归一教学法的操作程序，《乾隆下江南》这篇中文原稿是学生写的，中文原稿中存在着诸如标点符号、用词、句法语法、逻辑方面的问题。我们尽量保留了这篇文章的原貌，以展现我们的课堂如何先调整中文稿，再产出法语稿的过程。我们要求学生警惕发生在母语端的错误，在翻译之前首先对中文稿或自己的思路进行"过滤"，然后再着手进行汉法转换。所以我们先对中文原稿做了分析，认为"因为乾隆年纪比较小，所以给大臣倒茶"这一表述欠妥。实际上，乾隆给其大臣倒茶不仅是因为他年轻，更是因为他乔装成了侍卫的缘故。进而，我们对学生给出的中文原稿做了调整，故给出了 pour respecter leurs rôles respectifs "为符合他们各自的角色"的标准稿。

9）标准稿中"给大臣倒茶"转换为 l'Empereur a dû servir du thé，其中的 dû（devoir）"不得不"旨在说明：因为化装角色的关系，乾隆不得不这么做。也是为了铺垫"是很严重的一件事"。

10）"是很严重的一件事"的真实语义是"是不可想象的（重大）事件"：évènement inconcevable。

11）为突出大臣也是皇帝子民中的一个，故标准稿给出了 l'un de ses subordonnés。同时这一操作也可以避免重复 ministre。

12）法语的复合过去时叙述的是在过去确实发生了的事，如果将 l'Empereur servant du thé... 改为 l'Empereur a servi du thé...，那么，因为前面已经说了 l'Empereur a dû servir du thé...，而这里又说 l'Empereur a servi du thé... 会给法语受众造成"乾隆两次给他人倒茶"的错误语义。而现在分词则可以避免这一窘境。

【学生提问】

"下江南"是否可以转换为 descendre au sud du fleuve Yangtsé ?

【教师回答】

不妥。住在巴黎的法国人要去法国南部，因为巴黎在地图的上方，而里昂、马赛等南部城市在地图的下方，所以出现了他们从巴黎 descendre à Lyon、descendre à Marseilles 口语化的表达方式。规范的表达方式是 se rendre à Marseilles、se rendre à Lyon。

【学生提问】

"茶馆"可以说 maison de thé 吗？

【教师回答】

不可。maison de thé 通常是茶叶加工的作坊或销售茶叶的商店，招待客人喝茶的茶馆，通常转换为 salon de thé。

学生稿一：Au cour d'une visite au sud de Yangtsé, l'empereur s'est déguisé en garde alors que le ministre qui l'accompagnait et qui était senior s'est déguisé en homme d'affaires. Ils se sont rendus dans un salon de thé. Puisque Qianlong était jeune, il a servi du thé pour le ministre. Que l'empereur sert du thé pour un ministre était très grave à l'époque.

1）Au cour d'une visite 应改为 Au cours d'une visite。

2）au sud de Yangtsé 应改为 au sud du fleuve Yangtsé。

3）empereur 的第一个字母要大写：l'Empereur。

4）garde 是"守卫者、看守者、禁卫军士兵"的语义，而"侍卫"则是 garde du corps。

5）谓语动词使用复合过去时是表示在过去的某个时间点上所发生的动作，那么，Au cours d'une visite au sud du fleuve Yangtsé, l'empereur s'est déguisé en garde du corps 给出的语义则是"在江南的一次 visite 期间，l'Empereur 进行了化装，化装成了侍卫"，其潜台词是"visite 开始时，l'Empereur 还是穿着 Empereur 的制服，但到了 visite 开始后的某个时间点上，l'Empereur 才进行了化装"。但实际上，l'Empereur 应当在出门前就已经化装成了侍卫，在整个 visite 过程中，l'Empereur 始终处于 déguisé en garde du corps 的状态之中，故应改为未完成过去时。若尽量维持学生的译文，则应改为：Au cours d'une visite au sud du fleuve Yangtsé, l'Empereur était déguisé en garde du corps alors que le ministre qui l'accompagnait (et qui était senior) était déguisé en homme d'affaires。

6）senior 用作名词是"老年人"的语义，通常指代那些已经退休的老人。

7）就像前面所说，年轻并不是乾隆必须给大臣倒茶的主要原因，其主要原因是他们微服私访时所扮演的角色的缘故，故应当采用标准稿的译文：pour respecter leurs rôles respectifs。

8）il a servi du thé pour le ministre 应改为 il a servi du thé à son ministre。具体说明，请参阅上文解释。

9）关于 pour un ministre 的不妥，请参阅上文解释。

10）grave "严重的、严峻的"通常用来修饰负面的内容，故应改为 surprenant、étonnant、impensable、inconcevable 等形容词。

11）汉语副词"很"出现在形容词前，并不一定是为了强调、加重该形容词的程度，而是仅仅出于习惯，故在汉法转换时有时无需转换"很"。

12）à l'époque 没有必要存在，过去时态已经足以说明那是发生在以前的事了。

学生稿二：Il y avait une fois, il se déguisa en jeune garde et son ministre d'accompagnement âgé en marchand riche au cours de son voyage dans des régions au sud de Yangtsé. Pendant qu'ils buvaient du thé dans une maison de thé, l'empereur Qianlong servit du thé au ministre, ne voulant pas révéler leur identité, celui-ci tapa trois coups sur la table avec la jointure de l'index pour exprimer son remerciement.

1）关于 garde、dans des régions au sud de Yangtsé、en marchand riche、une maison de thé、单数 remerciement、tapa (taper) trois coups 的不妥，请参阅上文解释。

2）学生译句 ... Pendant qu'ils buvaient du thé dans une maison de thé, l'empereur Qianlong servit du thé au ministre, ne voulant pas révéler leur identité, celui-ci tapa trois coups sur la table avec la jointure de l'index pour exprimer son remerciement... 中的 ne voulant pas révéler leur identité 因为是前后有逗号的插入语，所以读者就不清楚 ne voulant pas révéler leur identité "不愿意暴露自己的身份" 究竟是补充说明前面的叙述，还是修饰限定后面的句子。若要尽量维持学生译文，则应当使用句号进行切断，改为 ... Pendant qu'ils buvaient du thé dans une maison de thé, l'Empereur Qianlong servit du thé au ministre. Ne voulant pas révéler leurs identités, celui-ci tapa trois coups sur la table avec la jointure de l'index pour exprimer ses remerciements.

3）"有一次"汉法转换为 une fois 即可。Il y avait une fois, il se déguisa... 给出的语义是 "在有一次的过程中，他化装成了……"，与中文原稿所需语义不符。

4）法语没有 ministre d'accompagnement 的表述。如果成立，那该表述给出的语义是 "该部长 / 大臣的全部职能只是陪同他人"，这就显得很荒谬了。关于介词 de 的详细说明，请参阅上文解释。故若尽量维持学生译文，则 ...et son ministre d'accompagnement âgé en marchand riche... 应改为 ...et accompagné de son ministre âgé déguisé（或 travesti）en riche marchand...。

5）如果学生译句 il se déguisa en jeune garde et son ministre d'accompagnement âgé en marchand riche au cours de son voyage... 成立，那给出语义是 "在旅行期间，他化装成年轻侍卫"，与中文原稿所需语义不符。

6）今天的法语中很少使用 marchand riche 这一表达方式，因为一个 marchand "商贩" 很难变得 riche "很富有"，应改为 commerçant 或 homme d'affaires。

7）... Pendant qu'ils buvaient du thé dans une maison de thé, l'empereur Qianlong servit du thé au ministre 这一学生译句中三次出现了 thé，重复太多、过于累赘，应予以避免，改为 l'Empereur a été amené et obligé à servir du thé à son ministre。

【学生提问】

marchand、commerçant、homme d'affaires 之间有何区别？

【教师回答】

过去只有 marchand、commerçant 这两种说法，marchand "商人、买卖人、生意人"，commerçant "商人、（专业批量进货、零售卖出的）生意人"。因为过去生意的规模通常较小，而且大都是一手交钱，一手交货形式的买卖，例如那些在菜市场、旧货市场里设摊的"商贩"，而且和旧社会的中国一样，人们经常用负面的眼光看待他们，视他们为奸商。但到了现代，有些人生意规模做大了，数额变大了，形式多样化了，而且一个人可以同时在不同的行业从事实业、经商活动，同时，也出于摈弃 marchand、commerçant 长期背负的负面色彩，法国人创造了 homme d'affaires、femme d'affaires "商人、实业家"这一表达方式，以凸显这些人在商业领域的重要地位和影响。

- -

学生稿三：Une fois, il alla à Jiangnan, il se déguisait en jeune garde, et son chancelier âgé se travestit en riche marchand. Ils prirent du thé dans une maison de thé. Qianlong était plus jeune, alors il versa du thé au chancelier. C'est une affaire sérieuse que l'empereur verse du thé pour le chancelier.

关于 alla（简单过去时 aller）、à Jiangnan、se déguisait（未完成过去时 se déguiser）、en jeune garde、se travestit（未完成过去时 se travestir）、en riche marchand、prirent（简单过去时 prendre）、maison de thé、empereur 的不妥，请参阅上文解释。

【学生提问】

如果在此处一定要使用 se déguiser 和 se travestir，如何处理？

【教师回答】

1）那就得使用 se déguiser 和 se travestir 的愈过去时形式：...il est allé dans la région du Jiangnan, il s'était déguisé en jeune garde du corps... s'était travesti en riche marchand....。实际上，愈过去时是"过去的过去"，s'était déguisé 和 s'était travesti 是说"皇帝和大臣先化装"并以潜台词的方式说明"然后带着化装"进行 aller "去"这一动作。

2）虽然 chancelier 有很多语义，其中最主要的有"（法国国王时期的）掌玺大臣、（英国的）财政大臣、（德国、奥地利）总理"，但到了现在，chancelier、chancelière 已经成了德奥两国总理的专有名称。

3）如果维持学生译句 ... il s'était déguisé en jeune garde du corps et son ministre âgé s'était travesti en riche marchand...，则应在 son ministre s'était travesti 后面添加 lui，以表示"则"的语义：il s'était déguisé en jeune garde du corps et son ministre s'était travesti, lui, en riche marchand... "皇帝化装成一个年轻侍卫，他那上年纪的大臣则化装成富商"。lui 的存在与否，并不影响整个句子的语义表达，但倘若没有 lui 则会显得叙述过于平面、没有起伏。而且，这一学生译句可以进一步改进：il s'était déguisé en jeune garde du corps et son ministre, lui, en riche marchand...。

4）法国人在遣词造句时很忌讳重复，故应将 Ils prirent du thé dans une maison de thé 改为 Ils se sont arrêtés dans un salon de thé "他们在一家茶馆停了下来"，其潜台词就是喝茶。

5）sérieux "认真的、可以信赖的、严肃的、不开玩笑的、举止庄重的、后果严重的"无法表现"不可想象的"语义，与中文原稿语义不符。

6）如果尽量维持学生译句，C'est une affaire sérieuse que l'empereur verse du thé pour le chancelier 中的现在时应改为未完成过去时：C'est impensable que l'Empereur versait du thé à son ministre。

学生稿四： Une fois, il est parti voyager dans le sud du Yangtsé se déguisant en jeune garde. Son ministre était si âgé qu'il s'est déguisé en homme d'affaires de Fujian. Quand ils sont arrivés à une maison de thé pour le thé, en raison de sa jeunesse, Qianlong devait donner du thé au ministre. Néanmoins, c'est inconvenant de le faire pour un empereur.

1）关于 se déguisant（←se déguiser）、garde、maison de thé、empereur 的不妥，请参阅上文解释。

2）"江南"法语通常转化为 le sud du fleuve Yangtsé。

3）il est parti voyager 是错误的组合：因为 parti（←partir）强调"出发、离去、动身、启程"这一动作开展的过程，法语受众在接收到 partir 这一词语时，脑中出现的是"出发"时的场景，而不会将思考的聚焦点转移到 voyager "（长途）旅行"之上。而且，partir 是"离开某地、出发上路、走了"的语义，强调移动这一动作，与 voyager "旅行、游历、旅游"这一动作的展开之间存在语义的重复。故可改为 il est parti pour visiter la région du sud du fleuve Yangtsé 或 il s'est rendu au sud du fleuve Yangtsé。

4）"富商"法语转换为 riche homme d'affaires 或 homme d'affaires fortuné。

5）si + 形容词 + que 强调程度，Son ministre était si âgé qu'il s'est déguisé en homme d'affaires de Fujian 给出的语义为"他的大臣如此地年老以至于他化装成了福建商人"，与中文原稿所需语义不符。应改为 Son ministre, plus âgé, s'est déguisé en homme d'affaires...。

6）当出现不定冠词引导的名词做地点状语时，介词通常不能使用 à，而应当使用 dans、sur、sous 等介词。

7）Quand ils sont arrivés à une maison de thé pour le thé 中两次出现 thé，这一重复应当予以避免。而且这一学生译句给出的语义是"他们为了茶而来到一家茶叶店"，与中文原稿所需语义不符。

8）在 Quand ils sont arrivés à une maison de thé pour le thé, en raison de sa jeunesse, Qianlong devait donner... 这一学生译句中，因为学生没能使用句号对这组句子进行切断，所以读者会认为 en raison de sa jeunesse 是修饰 Quand ils sont arrivés à une maison de thé pour le thé 的状语，这就与中文原稿所需语义不符了，所以应改为 ...Ils sont arrivés à une maison de thé. En raison de sa jeunesse, Qianlong devait donner...。

9）donner du thé au ministre "把茶给大臣"的潜台词是"把茶赠送给大臣"，与中文原稿所需语义不符，应改为 servir du thé au ministre。

10）未完成过去时和复合过去时配合使用时，未完成过去时是复合过去时的铺垫，表示在未完成过去时状态或动作展开的过程中，出现了复合过去时的"点状"动作。未完成过去时单独使用，则暗含着一个或数个复合过去时的"点状"动作。所以如果 Qianlong devait donner du thé au ministre 这一学生译句成立，那其给出的语义则是"在乾隆应当给大臣沏茶的期间，还发生了其他的事，而且因为发生了其他的事，最后乾隆很可能没给大臣沏茶"，这显然与中文原稿所需语义不符。如果要表达"不仅应该而且确实给大臣沏了茶"或者说"不得不给大臣沏了茶"的语义，则应转化为 Qianlong a dû servir du thé au ministre。

11）néanmoins "然而、可是"表示直接的对立或相反，而此处只是做一个说明、提一个醒，故应改为 toutefois "不过"、cependant "但、可是"或 Je vous rappelle que... "提醒各位注意……"。

12）皇帝和大臣微服私访，出于各自装扮的身份问题，皇帝给大臣沏茶，这是很有礼貌的事，故不能使用 inconvenant "有失礼仪的、不得体的、举止不当的、不礼貌的"这一词语，而且 c'est 得改为 c'était，c'était inconcevable...。

【学生提问】

从词典解释上看，cependant "可是、然而、但是"、pourtant "然而、可是"、néanmoins "然而、可是、仍然" 和 toutefois "尽管如此、不过、仍然、还是" 是同义词，它们之间到底有何区别？

【教师回答】

确实，从汉语解释上看，这四个词语在语义上的差别很小。但在实际使用中，cependant 和 pourtant 更多用于法国人的日常生活表达中，而 néanmoins 和 toutefois 则大都用于较为讲究的法语书面语中。如果一定要区分，我们可以参考三本法国词典的词义，然后再进行辨析达到理解，如下：

（一）《利特雷词典》（*Le Nouveau Littré*）的 cependant 词条

Etymologiquement : *cependant* est « pendant cela »; *pourtant* est « pour une si grande chose »; *néanmoins* est « nullement moins »; *toutefois* est « parmi toutes les fois ».

从词源上说：cependant 是 "在此期间（其潜台词是 '出现了另外的情况'）"；pourtant 是 "为如此大的事（其潜台词是 '正相反'）"；néanmoins 是 "一点也不少（其潜台词是 '并非这样'）"；toutefois 是 "在所有的案例中（其潜台词是 '有一例外'）"。

a）*Il a bon visage, cependant, il est malade.*

b）*Il a bon visage, pourtant, il est malade.*

c）*Il a bon visage, néanmoins, il est malade.*

d）*Il a bon visage, toutefois, il est malade.*

L'interprétation étymologiques est :

词源释义为：

a）Bien que cela existe, il est malade.

虽然（脸色不错的情况）存在，但他病了。

b）Pour bon que ce soit, il est malade.

无论这（脸色不错的情况）多好，他都是病了。

c）Cela n'empêche pas, il est malade.

这（脸色不错的情况）并不能阻止他病了。

d）En tous cas, vous direz ce que vous voudrez, il est malade.

你可以想说什么就说什么，总之，他病了。

On a ici un exemple de synonymie complète dans le sens, bien que les idées qui entrent dans ces mots soient fort différenhtes. L'analyse des quatre mots est certaine, et malgré cela on ne voit pas de raison pour employer l'un plutôt que l'autre.

以上同义词的语义各不相同，但却构成了语义同义性说明的完整例子。虽然以上分析确凿，但在具体情况下，为什么选某个词而不选另一个，并无充分理由[①]。

（二）《**同义词词典**》（*Dictionnaire des synonymes*）

Au sens adversatif, pour exprimer un contraire qui détruit ou exclut ce qui a été dit (souvent avec mais), *cependant* oppose la réalité à l'apparence : *il semble que vous ayez raison ; et cependant il est vrai que vous ne l'avez pas* (Molière) ;

在表达对立时，cependant（经常与 mais 一起使用）表达否定、排除或与前面所说的相反内容，将事实和表象对立：il semble que vous ayez raison ; et cependant il est vrai que vous ne l'avez pas (Molière) "您说的好像有理，但实际情况是您错了"（莫里哀）；

pourtant enrichit et marque que, si important que soit un fait, un autre fait réel le détruit : *le dieu Terme ne devait jamais reculer ; ce qui arrive pourtant sous Adrien* (Montaigne);

Pourtant 用作补充说明并强调，无论某事实如何重要，但被另一个事实否定了：le dieu Terme ne devait jamais reculer ; ce qui arrive pourtant sous Adrien (Montaigne) "特尔木神从来就不应该退让；但在亚德利安时代却发生了"（蒙田）；

Pour marquer une simple opposition ou modification (souvent avec et), *néanmoins* indique la coexistence, la non-incompatibilité d'une chose avec une autre : *l'eau, si incapable de toute résistance, et néanmoins si forte pour porter* (Fénelon) ;

Néanmoins 强调简单的对立或修正（经常和 et 一起使用），指明这两件事之间的共存性、并非不可调和：l'eau, si incapable de toute résistance, et néanmoins si forte pour porter (Fénelon) "水，如此软弱，无法进行任何抵御，但是水却很强大，能承载"（费讷隆）；

toutefois sans renverser ce qui a été dit ni opposer deux assertions, indique une

---

① *Le Nouveau Littré*, Paris : Garnier, 2007.

exception à une règle : *tout pays est né pour mourir, excepté toutefois celui-là* (J.-J. Rousseau）.

toutefois 并不推翻前文所说的内容，也不将两个说法对立起来，只是说这是对规则的例外而已：tout pays est né pour mourir, excepté toutefois celui-là (J.-J. Rousseau)"所有国家的产生都是为了消亡，但这个国家除外"（卢梭）。[1]

（三）《**当代法语规范用法百科全书**》（ *Encyclopédie du bon français dans l'usage contemporain* ）

S'il est vrai que, du point de vue sémantique, on ne peut établir que des nuances subtiles entre ces différentes formes de conjonction adversatives ou restrictives, leur statut linguistique n'est pas exactement semblable au point de vue de la fréquence. *Cependant* et *pourtant* sont d'un usage courant. *Toutefois* et *néanmoins* appartiennent à une langue plus recherchée; ils interviennent surtout dans une argumentation pour marquer fortement la restriction.

从语义的角度看，我们只能在这些表达对立或持保留意见的不同连词之间看出细微的差别。但是，从出现频率上看，它们在语言使用中的地位并不完全一样：cependant 和 pourtant 属于日常口语；Toutefois 和 néanmoins 属于较为讲究的语言层次，主要出现在论证中，强调保留意见。[2]

- -

学生稿五：Un jour, il a descendu dans les régions au sud du fleuve Yangtsé, il se maquillait en un jeune garde. Son ministre était plus âgé que lui, en se maquillant en un commerçant. Ils prenait du thé dans une maison de thé. Comme Qian Long était plus jeune que son ministre, il lui servait du thé. C'est vraiment quelque chose de sérieux.

1）关于 descend（←descendre）、les régions au sud du fleuve Yangtsé、garde、maison de thé、Qian Long、sérieux 的不妥，请参阅上文解释。

2）如果尽量维持学生译文，使用 descendre dans (la région)...，则复合过去时的助动词有误，应当是 être，而非 avoir。

3）如果 Un jour, il a (est) descendu dans les régions au sud du fleuve Yangtsé (dans la région du sud du fleuve Yangtsé), il se maquillait en un jeune garde 这一学生译句成立，那么，因为复合过去时 ...il a (est) descendu dans... 和未完成过去时 ...il se maquillait... 同时存在于句中，那给出的语义是"他（乾隆）正在 se maquillait（化妆）的过程中，来到了江南地区"，与中文原稿语义不符。如果将 se

① *Dictionnaire des synonymes*, Paris : Larousse, 2020.

② Paul Dupré, *Encyclopédie du Bon Français dans l'Usage Contemporain*, Paris: Trévise, 1972.

maquillait 改为 déguisé（独立分词从句，修饰主语，表示状态），就可以解决这一问题了：Un jour, il est descendu dans la région du sud du fleuve Yangtsé, déguisé en jeune garde du corps。

4）se maquillait（←se maquiller）、maquillé 指脸部化妆，其目的是让自己变得更加漂亮一些。而本文场景是"微服私访"，应改为 déguisé"乔装打扮（衣着上化装自己，以便让别人认不出自己的真实身份）"。

5）表示身份的名词被用作表语时通常没有冠词，例如：Jacques est professeur，但 professeur 一旦有了形容词加以修饰，即从整体概念变成了个别特殊情况 un bon professeur，则应加上冠词，例如：Jacques est un bon professeur。但"化装成一个年轻侍卫"中的"年轻侍卫"依然是整体概念，所以并不需要加上 un。故 se maquillait en un jeune garde 应改为 déguisé en jeune garde du corps。

6）副动词在表示同时性时，其动词动作延续的时间通常比主句谓语动词动作延续的时间更长，例如：L'appétit vient en mangeant"吃着吃着，胃口就来了"，其中"吃着"的时间要长于"胃口来了"的这一下子发生的感觉；例如：Je l'ai rencontré en me promenant"我在散步时遇到了他"，这句话法语也可以说成 Je me promenais et je l'ai rencontré，其中"散步"这一动词动作展开的时间要长于"遇见他"这一偶遇的发生时间点。因此，学生译句 Son ministre était plus âgé que lui, en se maquillant en un commerçant. 中的副动词 en se maquillant 使用错误。所以，即便要保留 maquiller，也应改为 maquillé（形容词独立分词从句，修饰主语，表示状态）。

7）但是，Son ministre était plus âgé que lui, maquillé en un commerçant 给出的语义是"化装成商人的大臣年龄比他大"，与中文原稿"他的大臣由于年纪较大，于是化装成一个富商"的语义不符。如果尽量维持学生译句，可改为 Son ministre qui était plus âgé, s'est déguisé en commerçant。

8）而且学生译句漏译了"富"字。

9）学生译句 Ils prenait du thé dans une maison de thé. Comme Qian Long était plus jeune que son ministre, il lui servait du thé 中的三个谓语动词都是未完成过去时，给读者的感觉是这三个动作是同时并行发生的。这有违逻辑，也与中文原稿语义不符。如果尽量予以维持：

- 首先，须将 Ils prenait du thé dans une maison de thé 改为 Ils ont commandé du thé dans un salon de thé，或改为标准稿的译句：Ils se sont arrêtés dans un salon de thé。因为 prenait（prendre 的未完成过去时形式）du thé 的语义是"已经在喝茶的过程中了"，这就与下文的 servir du thé"倒茶、沏茶"冲突了，并且，学生译句的动词变位错了，应当用第三人称复数变位。但是，用复合过去时 Ils ont pris du thé（他们喝了茶）也不妥。应当将动词改为 s'arrêter"停、停在"，并使用复合过去时 ils se sont arrêtés，以便为以后的动词做好铺垫。

注意：ils se sont arrêtés dans un salon de thé 的潜台词就是"进了一家茶馆喝茶"。

- 其次，中文原稿"因为乾隆年纪比较小，所以给大臣倒茶"和学生译句（撇开时态不谈）comme Qian Long était plus jeune que son ministre 从逻辑上看都是错误的表达，实际上，乾隆给大臣倒茶，并非是年龄大小的问题，而是出于他们"微服私访"临时身份的需要。但倘若维持"因为乾隆年纪比较小"，其谓语动词时态则应保持未完成过去时。

- 此外，il lui servait du thé 要改为复合过去时 il lui a servi du thé "他给他倒了茶"。但是学生译句中的 il 和 lui 到底指代大臣还是指代乾隆，不是很清楚，故应改为 il a servi du thé à son vieux ministre。

10）学生译句 C'est vraiment quelque chose de sérieux 中的谓语使用了现在时，从过去跳跃到了现在，似乎"现在还有皇帝、我们还得磕头"。故应改回到未完成过去时：C'était vraiment inconcevable。关于 sérieux 的不妥，请参阅上文解释。

11）quelque chose 除了"某事、某物"的语义之外，还给出"人们不敢说或人们吃不准"的潜台词，经常用于负面信息的表达，与中文原稿语义不符。

学生稿六：Une fois, il est allé à Jiangnan pour voyager. Il s'est déguisé en jeune garde (impérial). Son ministre s'est déguisé en homme d'affaires fortuné puisqu'il était plus âgé. Ils sont allés dans une maison de thé pour prendre le thé. Qianlong a versé le thé au ministre puisqu'il était plus jeune. Il était tout aussi grave que l'empereur verse le thé à son ministre en personne.

1）关于 est allé à Jiangnan pour voyager、garde、en homme d'affaires fortuné、une maison de thé、prendre le thé、versé (←verser)、le thé、empereur、secrètement、en s'habillant 的不妥，请参阅上文解释。

2）（impérial）这一括号连同括号内的解释说明没有必要存在，因为他乔装的是富商家的护卫，而不是皇家侍卫。

3）Il s'est déguisé en jeune garde (impérial). Son ministre s'est déguisé en homme d'affaires fortuné puisqu'il était plus âgés 可以简化：Il était déguisé en jeune garde et son ministre plus âgé en homme d'affaires fortuné。

4）该同学应注意单复数的配合，如果要维持 puisqu'il était plus âgés 这一译句，应改为 puisqu'il était plus âgé。

5）Qianlong a versé le thé au ministre puisqu'il était plus jeune 给出的语义是"乾隆给大臣沏茶，是因为大臣年龄更轻"，故应改为 puisqu'il était plus jeune,

Qianlong a servi du thé au ministre。

6）"il est + 形容词 + de + 不定式"是一个常见的结构，其中 il 是无人称的形式主语。"il est + 形容词"后面通常不跟 que 引出的从句，倘若一定要跟 que 引出的从句，则要把 il 改成 ce：c'était surprenant que l'empereur verse…，其中 ce 是替代 que 引出的从句这一实际主语的指示代词。

7）grave "严重的、严峻的"的主轴语义是"可能会带来严重的不良后果"，是一个表达负面内容的形容词，给出的潜台词是"乾隆因为倒茶而应受到惩罚"，与中文原稿所需语义不符。而本文场景所需的真正语义是"不可想象的、令人吃惊的"，故 grave 应改为 incroyable、impensable、inconceivable、inadmissible 或 surprenant 等。

8）aussi grave 给出的语义是"同样严重"，是比较级。但在本文场景中并没有可比较的内容，故 aussi 应当予以删除。

9）en personne 用在此处不妥，因为 en personne "亲自"的潜台词是"他可以让别人做，也可以自己亲自做"，但是在本文场景中，因为乾隆微服后的地位低于富商，所以他必须这样做。

10）在形容词前添加"很"字，是现代汉语的常见用法，但很多时候并不能起到强调或加重该形容词程度的作用。tout "（用于形容词前）完全、十分、非常、及其"用于强调，表示强度或绝对程度，能够对其后的形容词起到实实在在的强调作用。在进行汉法转换时，是否需要把"很"转换成 tout，应当视情况而定。在本文此处的语境中，没有必要把"很"转换成 tout。

学生稿七：Un jour, il visitait Jiangnan en jouant un garde. Ses mandarins jouent un marchand riche en raison de leur âge avancé. Quand ils sont arrivés à la maison de thé, parce que l'empereur Qianlong érait jeune, il a versé le thé pour les mandarins. Il était sérieux que l'empereur versait du thé aux mandarins en personne.

1）关于 Jiangnan、副动词、garde、maison de thé、empereur、versé（←verser）、le thé、sérieux、en personne 的不妥，请参阅上文解释。

2）在口语中，如果 jouer 作为直接及物动词后跟表示人的直接宾语名词，则是"演、扮演"的语义，所以 en jouant un garde 给出的语义是"演绎一个守门人"，与中文原稿所需语义不符。规范法语要求在转换"演什么人的角色"时，必须添加 le rôle：jouer le rôle d'un garde。

3）Ses mandarins jouent un marchand riche 中的 Ses mandarins 是复数，与中文原稿所需的单数"大臣"语义不符，应改为 son ministre 或 le ministre qui l'accompagnait 或 un de ses mandarins。同理，en raison de leur âge avancé 应改

为 en raison de son âge avancé。关于 jouer 用在此处的不妥，请参阅上文解释。

4）mandarin 特指清朝时期中国（包括朝鲜）的大臣，而一个国家的部长和大臣都可以称为 ministre，最好将 mandarin 改为更为通用的 ministre。

5）70 岁的老人我们称之为 vieux，âge avancé 通常指 80 岁以上的老人，故应删除 avancé，改为 en raison de son âge。

6）因为前文并未提及 maison de thé，所以 maison de thé 不能使用定冠词，而且法语也不能说 arriver dans un salon de thé，应改为 entrer：quand ils sont entrés dans un salon de thé，最好改为 après être entrés dans un salon de thé，因为 quand ils sont entrés dans un salon de thé 可用于叙述三个维度的事：a）当他们进去的时候，之前发生的事；b）他们进入茶馆的同时发生的事；c）他们进去了以后，发生了的事。

7）...Qianlong érait jeune... 应改为 ...Qianlong était jeune...。

学生稿八： Une fois, il a porté comme un jeune garde quand il visitait les régions au sud du fleuve Yangtsé, et son ministre a transformé en un riche homme d'affaires parce qu'il était plus âgé. Ils sont allés à un salon de thé pour boire du thé. Parce que Qianlong était plus jeune, il a versédu thé au ministre. L'empereur versa du thé pour le ministre par lui-même, et c'était une affaire très sérieuse à ce l'époque-là.

1）关于 garde、les régions au sud du fleuve Yangtsé、allés (aller) à un salon de thé、Qianlong était plus jeune、sérieuse（←sérieux）、empereur、versa（←verser）du thé pour 的不妥，请参阅上文解释。

2）从汉语的角度看，porté（←porter）有很多语义，其主轴语义是"有意让某个人、物或抽象物处于自己身上的状态"，即"提、背、扛、抱、装有、载有、穿、戴、佩、表露出、表现出、显出……"，如果要用于"穿着（某件衣服）"的语义，porter 必须后跟表示衣服的名词宾语，例如 porter un costume "穿着一套西服"、porter un manteau "穿着一件大衣"。porter 是及物动词，不能没有宾语而单独使用。而且 porter 没有"化装"的语义。

3）transformer "使改观、使改变、改建、改造"的主轴语义是"让某物改变特性、外形或性质，让某人改变性格"不能用来转换"微服私访"。

4）因为学生译句 ...et son ministre a transformé en un riche homme d'affaires... 缺少宾语，所以不知道是谁被 transformer "改造"了，但肯定不是 a transformé 的主语 son ministre，与中文原稿所需语义不符。

5）par lui-même "他自己亲自"应予以省略，因为 par lui-même 的潜台词是"可以让别人来做，也可以他自己亲自来做"，但是当时的情况是乾隆化装成地位低于大臣的侍卫,不可能让其他人来沏茶,故 par lui-même "他自己亲自"
是多余的。

6)à ce l'époque-là 存在明显的错误,应改为 à cette époque-là。

5. 1)从法语的角度看,这里并没有转折的必要,
故标准稿省略了对"但是"的汉法转换。

2)"他们的身份"leur identité 既可以写成单数,
因为乾隆和大臣每人只有一个身份,也可以写
成复数 leurs identités,因为皇帝和大臣的身份是
不同的,加在一起就成了复数。鉴于他们在微
服私访,他们不想暴露真实的身份,故标准稿
添加了 véritable:pour ne pas laisser deviner leurs
véritables identités。

3)在本文场景中,"表示感谢"可以有三种
表达方式:pour remercier l'Empereur、pour le
remercier、pour exprimer ses remerciements。

中文原稿:

但因为是微服出访,大臣为了不暴
露身份,就用手指头在桌子上面敲
了三下,表示感谢。

标准稿:

Comme ils étaient en tournée
d'inspection, déguisés tous les
deux en civils et pour ne pas laisser
deviner leurs véritables identités, le
ministre a frappé doucement de ses
doigts repliés, à trois reprises sur la
table, pour remercier l'Empereur.

【学生提问】

deviner 能否替换为 connaître ?

【教师回答】

不妥,因为他们是 déguisés en civile "微服私访",别人只能 deviner 他们的
真实身份。此外,也可以用 reconnaître "认出"。

- -

学生稿一:Du fait qu'ils étaient en visite sous déguisements et afin que leur
identité ne soit pas exposée, le ministre a tapoté 3 fois la table avec
l'index pour exprimer son remerciement.

1)关于单数 remerciement 的不妥以及 identité 单复数的说明,请参阅上文
解释。

2)法语没有 sous déguisements 的表达方式,应改为 déguisés。

3)exposée(←exposer)"陈列、展出、展览"与汉语原稿所需语义不符,
应改为 dévoilé。

4)... tapoté 3 fois... 没有语法错误,属于日常口语表达方式,而 à trois reprises
则是雅致的书面语。

学生稿二：ne voulant pas révéler leur identité, celui-ci tapa trois coups sur la table avec la jointure de l'index pour exprimer son remerciement.

1）关于 identité 单复数的说明、taper trois coups、jointure 和单数 remerciement 的不妥，请参阅上文解释。

2）ne voulant pas révéler leur identité 从法语语法上看，没有任何问题，而且已经达意，但 révéler "泄露、暴露、透露、披露、显示出、表现出" 有 "主动而为之" 的潜台词，故 ne voulant pas révéler leur identité 应改为 ne voulant pas laisser deviner leur(s) identité(s)。

学生稿三：Mais c'était une visite privée, afin de ne pas dévoiler leurs identités, le chancelier a frappé des doigts sur la table trois fois pour remercier.

1）关于 chancelier、frappé（←frapper）和 dévoiler 的不妥，请参阅上文解释。

2）visite privée 是 "私人访问" 的语义，并非 "微服私访"。

3）在 afin de... 之前应添加 et：Mais c'était une visite privée et, afin de ne pas laisser deviner leurs identités, le ministre a frappé...，否则读者会以为 afin de 及其引出的不定式是说明 Mais c'était une visite incognito 的。

4）因为 remercier 是及物动词，如果只说 remercier 而没有宾语，读者就会不知道是在感谢谁，需要经过推理以后方能悟出需要感谢的人，这不符合法语的习惯，故应改为 pour remercier son Empereur 或 pour le remercier。**注意**：在法语遣词造句时，确保语句的完整性是极其重要的，除了少数约定俗成（Je veux bien 等）的说法以外，如果遇到及物动词，必须说出其宾语，否则就是不完整的 "破句"。

学生稿四：Dans le but de ne pas révéler leurs identités lors de la visite secrète, le ministre a frappé la table avec son doigt trois fois pour remerciement.

1）关于 frapper、avec son doigt 的不妥，请参阅上文解释。

2）lors de la visite 应改为 lors de leur visite，因为是两个人一起微服私访的。

3）visite secrète 给出的语义是 "秘密的访问、不让外人知道的访问"，旨在不让受访者以外的人知道，而此处所需语义是 "不让受访者知道自己的真实身份"。故 visite secrète 应改为 visite incognito。

4）法语没有 pour remerciement 的表达方式，故应改为 pour le remercier 或 pour lui adresser ses remerciements 或 en guise de remerciement。

学生稿五：Cependant, il voyageait incognito, pour ne pas exposer son statut, il a tapé du doigt trois fois la table pour s'exprimer son remerciement.

1）关于 tapé（←taper）、s'exprimer son remerciement 和单数 remerciement 的不妥，请参阅上文解释。

2）法语 cependant "可是、但是、然而" 是百分之百的对立、转折。而中文的 "但是" 既可以是 "低度" 的转折，也可以是 "高度" 的对立。汉语原稿 "但是因为是微服出访" 中确实也有 "但是"，但却是属于 "低度" 的转折，从法语撰文的角度看，只要在前句末尾加上句号，后面重新起句即可完成这一 "低度" 的转折，而不需要转折连词 cependant。

3）exposer "陈列、展出、展览" 的主轴语义是 "放在人们眼前给人们看"，与中文原稿语义不符。应改为 pour ne pas dévoiler son statut。

4）因为人一只手通常有五个手指，而 ...il a tapé du doigt... 中的 le doigt（du doigt = de + le doigt）不知指代的是哪根手指，故应改为 ...il a tapé de l'index...。

5）Cependant, il voyageait incognito, pour ne pas exposer son statut, il a tapé du doigt trois fois la table pour s'exprimer son remerciement 中的人称代词、主有形容词显得有点乱，应改为 ils voyageaient incognito. Pour ne pas dévoiler le statut impérial de Qianlong, il a tapoté de l'index trois fois la table pour exprimer ses remerciements。

6）在本文场景中，因为乾隆和大臣是微服私访，所以他们每人都有两个身份，所以如果要用 statut "身份、地位" 表示他们的真实身份，那就需要予以说明：le statut impérial de Qianlong。

学生稿六：Lorsqu'ils ont voyagé secrètement en s'habillant en civil, le ministre a remercié l'empereur en frappant trois coups sur la table avec son doigt afin de ne pas révéler son identité.

1）关于 secrètement、en s'habillant、empereur、frappant（←frapper）trois coups 的不妥，请参阅上文解释。

2）Lorsqu'ils ont voyagé... 给出的语义是 "当他们在旅行后……"，与中文原稿所需的 "因为是微服私访" 的语义不符，应改为 Comme ils...。

3）如果有两个或两个以上的谓语动词都用复合过去时，那么，这些谓语动词所表达的动作之间就会构成先后发生的时间顺序，即前面叙述的动词动作必然发生在后面叙述的动词动作之前，前面叙述的动词动作必须发生并完成了以后，后面叙述的动词动作才能发生并完成。学生译句 Lorsqu'ils ont voyagé..., le ministre a remercié l'empereur en frappant... 中的从句和主句的谓语动词都使用了复合过去时，故给出的语义是 "当他们微服私访结束了以后，大臣（才）敲桌子感谢皇帝……"，与中文原稿所需语义不符，应改为 Lorsqu'ils

(Comme ils) voyageaient..., le ministre a remercié l'Empereur en frappant....。其中，voyageaient 是 voyager 的未完成过去时形式，表示在 voyager 的延续过程中，大臣感谢了皇帝。

4）一个人的手通常有五个手指，因为前面并没有提及是哪个手指，故 son doigt 应改为 ses doigts 或 son index。

5）ne pas révéler son identité 应改为 ne pas révéler leurs identités 或 ne pas révéler leurs véritables identités。

学生稿七： Mais pendent la période où l'empereur et des mandarins font une tournée d'inspection, afin de ne pas révéler leur identité, les mandarins remercient l'empereur par le canal de frapper 3 fois la table.

1）关于 empereur、mandarins、leur identité、frapper la table 的不妥，请参阅上文解释。

2）pendent la période où l'empereur et des mandarins font une tournée d'inspection 中的 des mandarins 应改为所有形容词 ses mandarins、son mandarin 或（最好）改为 un de ses mandarins，否则，l'empereur 和 des mandarins 之间可以没有必然的隶属关系；另外，法语的复数不定冠词 des 可以是不确定的两个或两个以上直至无限多的数量，而从上下文来看，此处的"大臣"只是陪伴皇帝微服私访的那一个，故应改为 un de des mandarins。同理，les mandarins remercient l'empereur... 应改为 son ministre remercie l'empereur....。关于为何用 ministre 而不用 mandarin，请参阅上文解释。

3）pendent la période où l'empereur et un des mandarins font une tournée d'inspection 这一学生译句除了谓语动词时态可以商榷以外，并没有语法错误，但可以简化：lors d'une tournée d'inspection effectuée par l'Empereur et son mandarin。

4）法语没有 "par le canal de + 不定式" 的表达方式，故应改为 en frappant trois fois sur la table。

5）afin de ne pas révéler leur identité 应放在 remercier...en frappant... 之后，否则读者无法知道 afin de ne pas révéler leur identité 到底是哪个句子的状语：Lors d'une tournée d'inspection effectuée par l'Empereur et son mandarin, ce dernier remercie l'Empereur en frappant doucement trois fois sur la table, afin de ne pas révéler leurs identités.

学生稿八： Cependant, puisque c'était une visite en tenue civil. Le ministre a utilisé ses doigts et a fait frapper trois fois sur la table pour exprimer ses remerciements parce qu'il ne peut pas révéler l'identité de lui.

1）关于 en tenue civil、frapper 的不妥，请参阅上文解释。

2）Cependant, puisque c'était une visite en tenue civil. Le ministre a utilisé ses doigts... 中的句号应改为逗号。

3）...parce qu'il ne peut pas révéler l'identité... 中的谓语动词时态应改为未完成过去时：...parce qu'il ne pouvait pas révéler l'identité...。

4）... il ne pouvait pas révéler l'identité de lui... 应改为 ... il ne pouvait pas révéler son identité...。

6. 1）在上下文清楚的情况下，汉语句子可以没有主语，例如"里面有两层意思"，其中"里面"是地点状语。但法语造句必须有主语，故标准稿将"里面"改为 ce geste "这一动作"：Ce geste avait deux significations。

2）"不能直接磕头行礼"的真实语义是"无法真正地给皇帝叩头而不引起在场其他人的注意"，故标准稿给出了 il était impossible au ministre de, réellement, se prosterner devant l'Empereur sans attirer l'attention des autres personnes présentes。

3）problème "问题、难题、麻烦" 通常是较难以解决的问题，加上了 particulier "特殊、特别" 之后，就具有了 "这一特殊情况下的问题" 的语义，程度变轻了。

中文原稿：

里面有两层意思：用手指头代表头，敲桌子表示磕头；大臣不能直接磕头行礼，就用这种巧妙的方法解决了问题。

标准稿：

Ce geste avait deux significations : les doigts représentaient la tête et frapper sur la table signifiait se prosterner. Comme il était impossible au ministre de réellement se prosterner devant l'Empereur sans attirer l'attention des autres personnes présentes, il a eu l'idée astucieuse d'effectuer ce geste de la main pour résoudre ce problème particulier.

 【学生提问】

Ce geste avait deux significations 能改为 Ce geste comportait deux significations 吗？

 【教师回答】

不可以。因为 comporter "包含、包括" 的潜台词是"除了被 comporter 的东西以外，还有其他东西"，而本文场景中的 geste "动作" 仅仅只有这两个 significations。

【学生提问】

如果"方法"可以用 geste 转换，中文原稿"用这种巧妙的方法解决了问题"中的"巧妙"astucieux, astucieuse 是修饰"方法"geste 的，标准稿为什么要用来修饰 l'idée 呢？

【教师回答】

首先，标准稿在此加上 l'idée 是为了强调这是第一次有人想到使用这一绝佳创意，astucieux, astucieuse "精明、机灵、机智、巧妙"应当修饰 l'idée，以便说明是创意的巧妙，而 geste "手势、姿势、动作"是"巧妙创意"的实现行为。如果一定要修饰 geste，那就是 il a eu l'idée d'effectuer ce geste astucieux。

- -

学生稿一： Cela contient deux significations. D'une part, le bout du doigt représente la tête. D'autre part, tapoter la table signifie frapper la terre du front. Ne pouvant pas faire ce dernier geste pour saluer l'empereur, le ministre a réglé le problème de cette façon qui était très habile.

1）contenir "含有、包含"不妥，与 comporter 一样，意味着"除了被 comporter 的东西以外，还有其他东西"，而前面所说的 cela "动作"仅仅只有这两个 significations。

2）关于 frapper la terre du front 的不妥，请参阅上文解释。

3）因为本文叙述过去的事，故 représente 应改为 représentait，signifie 应改为 signifiait。

4）pour saluer "致敬"l'empereur 应改为 pour remercier "感谢"l'Empereur。

5）请注意拼写，règlé 应改为 réglé。

6）根据法语语法解释，当复合过去时和未完成过去时搭配使用时，未完成过去时表达背景、铺垫、延续性的状态，而复合过去时是"点状"动作。学生造句 le ministre a réglé le problème de cette façon qui était très habile 中有两个谓语动词：a réglé（复合过去时）和 était（未完成过去时）给出的语义是"先有了 cette façon très habile，然后才 réglé le problème"，这与中文原稿所需语义不符。故应改为 Le ministre a trouvé une façon très habile pour régler son problème。

学生稿二：Cette manière d'exprimer le remerciement a double sens : premièrement, le doigt représente la tête, deuxièmement, taper des coups sur la table signifie exécuter le Kowtow (Il s'agit d'un geste signe de profond respect qui consiste pour la personne qui l'exécute à se mettre à genoux et en s'inclinant de manière que sa tête touche le sol）. Dans cette occasion-là, le ministre résolut parfaitement le problème en utilisant cette manière car il ne put pas directement exécuter le Kowtow à l'empereur Qianlong.

1）关于单数 remerciement、se mettre à genoux et en s'inclinant de manière que sa tête touche le sol 的不妥，请参阅上文解释。

2）...double sens... "双重的意思"的潜台词是"这双重的意思可以是相互冲突的"。而"里面有两层意思"的"意思"是"含义、意义"的语义，并不关心其相互之间是否存在冲突，故应改为 deux significations。而且，如果 double sens 成立，double sens 前要添加冠词：Cette manière d'exprimer le remerciement a un double sens。

3）学生稿二总体上使用了未完成过去时和简单过去时讲述乾隆下江南的故事，而 Cette manière d'exprimer le remerciement a double sens : premièrement, le doigt représente la tête, deuxièmement, taper des coups sur la table signifie exécuter le Kowtow 这一译句却使用了现在时。确实，弯曲手指敲打桌子三下以示叩首的做法现在依然通行，但是，因为前面使用的是未完成过去时和简单过去时，在此却使用了现在时，这就造成了叙述对象的跳跃，一下子从历史故事的叙述跳跃到了介绍现在的文化习俗之上。从信息传递的角度看没有问题，但是法语受众却会问为什么在没有预告和准备的情况下进行跳跃？叙述是否发生了混乱？实际上，如果回到未完成过去时和简单过去时进行叙述，就可以避免这一冲突，而且并不会否定弯曲手指敲打桌子三下以示叩首的做法现在依然通行这一事实。故若尽量维持学生译文，则应改为 Cette manière d'exprimer le remerciement avait deux significations : premièrement, le doigt représentait la tête, deuxièmement, taper des coups sur la table signifiait exécuter le Kowtow。

4）关于 taper des coups 的不妥，请参阅上文解释。

5）exécuter "实施、执行"的潜台词是"执行命令、规定"，经常用于执行死刑的语境，法语受众如果不知道 Kowtow 是什么东西，他们会以为 exécuter le Kowtow 是"对一个叫 le Kowtow 的人执行死刑"的语义。如果一定要汉法转换"进行叩头"，我们可以说 effectuer le Kowtow。当然，最佳的转换方式是直接说 signifiait se prosterner。

6）中文原稿并没有括号及括号里的这段文字，所以我们在翻译时不能做这一添加。但我们仍要点评一下括号内的这些文字：

- 首先：un geste signe de profond respect 中的 geste 和 signe 都是名词，两个名词之间不能没有介词或其他词就直接堆砌在一起，故 Il s'agit d'un geste signe de profond respect 应改为 Il s'agit d'un geste de profond respect。

- 其次，关于 exécuter 的不妥，请参阅上文解释。

- 另外，法语没有"exécuter à + 动词"的表达方式，而且 exécuter "执行"的潜台词是"不折不扣地执行"，不存在"执行到……程度"。

- 再者，qui consiste pour la personne qui l'exécute à se mettre à genoux et en s'inclinant de manière que sa tête touche le sol 应简化成为 qui consiste à se mettre à genoux et à s'incliner jusqu'à ce que sa tête touche le sol。

7）法语没有 Dans cette occasion-là 或 Dans cette occasion 的表达方式，应改为 à cette occasion。**注意**：法语的指示副词 -ci 或 -là 只用在需要对两个相同事物进行区分的时候，例如：Ce dictionnaire-ci est à moi, ce dictionnaire-là appartient à la bibliothèque de l'Université "这本词典是我的，那本词典是学校图书馆的"。à cette occasion 可以是"在那个时候、在那个机会"，也可以是"在这个时候、在这个机会"，ce 和 cette 根据不同的语境既可以是英语的 this 也可以是英语的 that。

8）parfaitement 在此没有必要，因为此处只关注问题是否解决，并且，以手势代替只是当时的权宜之计，不好说是否真就是完美的解决策略。

9）因为我们无法知道 le problème 是谁的问题，故 le problème 应改为 son problème。

10）鉴于上文已经解释了大臣使用弯曲的手指在桌子上敲打了三下以示叩头，故没有必要再说 en utilisant cette manière 了。

11）关于 exécuter le Kowtow 的不妥，请参阅上文解释。

12）几个简单过去时的谓语动词如果出现在同一段文字里，那么其出现的先后顺序就是这些简单过去时动词动作发生的先后顺序，而且这些简单过去时动词不可能存在两个动词表达同一个动作的情况。在这一点上，简单过去时与复合过去时是一样的。故 ...le ministre résolut parfaitement le problème en utilisant cette manière car il ne put pas... 给出的语义是"大臣用这种方法很好地解决了问题，因为他不能了……"，法语受众无法理解这样的表述。故应将 put（动词 pouvoir 的简单过去时形式）改为 pouvait（动词 pouvoir 的未完成过去时形式）：...le ministre résolut parfaitement le problème en utilisant cette manière car il ne pouvait pas...，其给出的语义是"因为不能（的状态或情况下）……，所以使用这种方法很好地解决了问题"。

13）exécuter "执行"，没有 exécuter qqch à qqn 的用法。

14）directement "直接" 相对于 "间接"，exécuter directement "直接执行" 如果成立，那不是还会有 exécuter indirectement "间接执行" 吗？读者对此会很难理解。

综上所述，Dans cette occasion-là, le ministre résolut parfaitement le problème en utilisant cette manière car il ne put pas directement exécuter le Kowtow à l'empereur Qianlong 应改为 A cette occasion-là, le ministre a résolu son problème car il ne pouvait pas se prosterner devant l'Empereur Qianlong sans laisser deviner son identité.

学生稿三：Le geste a eu deux significations : les doigts représentaient la tête et le geste de frapper sur la table signifie le geste de se prosterner. Le chancelier ne pouvait pas directement se prosterner, donc il a résolu le problème avec adresse.

1）关于 chancelier、directement 的不妥，请参阅上文解释。

2）如果 Le geste a eu deux significations 这一学生译句成立，那给出的语义则是 "这一举止有过两层意义"，给出的潜台词是 "后来又没有这两层意思了"，与中文原稿所需语义不符，故应改为 Le geste a deux significations 或 Le geste avait deux significations，前者表示过去到现在始终是这样，后者则是在过去的层面上叙述故事，不讨论现在是否依然是这样。当然，如果改成现在时，后跟的两个谓语动词都得改为现在时：les doigts représentent la tête et le geste de frapper sur la table signifie le geste de se prosterner；同理，如果改为未完成过去时，后跟的两个谓语动词都得改为未完成过去时：les doigts représentaient la tête et le geste de frapper sur la table signifiait le geste de se prosterner。

3）为避免重复，le geste de frapper sur la table signifie le geste de se prosterner 应改为 le geste de frapper sur la table signifie l'acte de se prosterner。

学生稿四：Il y a deux significations à l'intérieur : les têtes sont représentées par les doigts, et frapper la table symbolise le kowtow. Le ministre ne peut pas saluer directement, donc il utilise cette méthode intelligente pour résoudre le problème.

总评：学生的这一段转换得还算不错！

1）关于 représentées（←représenter）、kowtow、saluer、directement 的不妥，请参阅上文解释。

2）à l'intérieur "在…里面、在…内部" 只能后跟具象名词，不能后跟抽象名词。故应改为 Ce geste a deux significations 或 Il a de cela deux significations。

3）il utilise cette méthode intelligente pour résoudre le problème 已经达意，而且也没有很多语法错误。如果将之改为 il utilise ce geste intelligemment pour résoudre son problème 那就更好了。首先，méthode"方式、方法"强调系统性和理论基础，而此处只是一个动作而已；其次，méthode intelligente"聪明的方法"可以成立，但改为 geste"举止、动作"，则比较简单，geste 本身无所谓聪明不聪明，但大臣巧妙地在此使用这一手势的方式很聪明；另外，这样做解决了他的问题，而不是上面提过的问题，而且上文也没有提到过这一问题。

学生稿五：Il y en a deux significations : le doigt représente la tête, frapper sur la table représente se prosterner ; le ministre ne pouvait pas saluer directement à genou, il a utilisé donc cette manière habile afin de résoudre ce problème.

1）关于 frapper、saluer 的不妥，请参阅上文解释。

2）Il y en a deux significations 中有两个错误：首先，副代词 en 使用错误，具体说明请参阅上文解释；其次，因为 Il y a deux significations 中的 il y a 是无人称的动词短语，读者无法知道 Il y en a deux significations 中的 deux significations 是和什么有关的"两层意思"，故应改为 Ce geste avait deux significations 或 Il y a en cela deux significations 或 Il y a deux significations à ce geste。

3）le doigt représente la tête 这一转换没有任何问题，但是法语中没有"不定式 + représenter + 不定式"的用法，frapper（tapoter）sur la table 是一个动作，无法 représente（←représenter"代表、代理、表现、表示"）另一个动作 se prosterner。故应改为 frapper（tapoter）sur la table symbolise le fait de se prosterner 或 frapper（tapoter）sur la table symbolise la prosternation。

4）le ministre ne pouvait pas saluer directement à genou 存在两个问题：首先，à genoux"跪下"并非叩首；其次，directement"径直地、直接地"的主轴语义是"直截了当、没有中介"，如果尽量维持学生译句，应改为 le ministre ne pouvait pas marquer son respect à son Empereur en se prosternant devant lui 或 le ministre ne pouvait pas le remercier en se prosternant。

5）如能省略 il a utilisé donc cette manière habile afin de résoudre ce problème 中的 donc：il a utilisé cette manière habile afin de résoudre ce problème 是一个非常不错的译句。

学生稿六： Cette pratique a eu deux significations : le doigt a réprésenté la tête, le frappement a signifié le Kowtow (se mettre à genoux et s'incliner de manière que la tête touche le sol). Le ministre ne pouvait pas faire preuve de loyalté envers l'empereur en frappant la terre du front dans cette situation, donc il a résolu ce problème en utilisant ce moyen savant.

1）关于此处数个谓语动词均使用复合过去时的不妥、de manière que、frapper la terre du front、Kowtow 的不妥，请参阅上文解释。

2）Cette pratique a eu deux significations 应改为 Ce geste-là avait deux significations 或 cette façon de faire avait deux significations，首先是因为 la pratique "实践、实践经验、习惯做法、习俗、惯例" 是说 "人们在经过一段时间的实践后所养成的习惯"，而本文场景所说的是这一做法当时是如何产生的。Cette pratique a eu deux significations 也可改为 Ce geste avait deux significations 或 cette façon de faire avait deux significations。

3）只要将 le Kowtow 转化为 la prosternation，即可省略括号中的注释 (se mettre à genoux et s'incliner de manière que la tête touche le sol)。

4）faire preuve de loyalté 中存在三个错误：首先，法语不存在 loyalté 这个词语，估计学生想表达的是 loyauté；其次，faire preuve de "表现出、显出" 后跟的名词必须有冠词：faire preuve de la loyauté；另外，loyauté "忠诚、正直、忠实、光明正大" 无法转换 "叩头行礼" 的语义，故倘若尽量维持学生译句，应改为 obédience "服从、顺从、信仰、忠顺"：faire preuve de son obédience，也可改为 montrer son respect。

5）savant "（对多方面或某学科）精通的、学识渊博的、博学的、有学问的、熟练的、精巧的、深奥的、难懂的" 用在此处语义过重，并且不用来修饰 moyen；应改为 génial "天才的、灵感的、巧妙的"：...donc il a utilisé ce moyen génial pour résoudre son problème。

6）moyen "办法、方法、手段、工具、金钱、财产" 偏重物质性的内容，而本文场景需要转换的是一个手势而已，故应改用 manière、technique 或 astuce 等。

学生稿七： Ce geste a deux significations : la première est ce que les Chinois utilisent le doigt pour représenter la tête, substituer la façon de frapper un petit coup la table à la façon de frapper la terre du front; les mandarins ne peuvent pas frapper la terre du front pour rendre directement hommage à leur empereur, mais grâce à cette façon, intelligente, le problème a été résolu.

1）关于 frapper la table、frapper la terre du front、les mandarins、directement、empereur 的不妥，请参阅上文解释。

2）la première（signification）est ce que les Chinois utilisent le doigt pour représenter la tête 这一学生稿存在较严重的语法错误：如果说 la première（signification）est ce que les Chinois utilisent... 成立,那么, la première（signification）是主语，est（系动词 être）是谓语，ce（及其后跟的定语从句 que les Chinois utilisent...）是表语。同时 ce 是 que（关系代词）的先行词，而 que 在从句中做宾语，但是学生稿中的从句中出现了 le doigt，显然也是谓语 utilisaient 的宾语。在一个从句里，如果已经存在关系代词做谓语的宾语了，那就不能再有第二个宾语了。如果要尽量维持学生译句，应省略 ce：la première（signification）est que les Chinois utilisent le doigt pour représenter la tête...。但是 Ce geste a deux significations : la première est ce que les Chinois utilisent le doigt pour représenter la tête... 给出的语义是"这一手势有两层意思：第一层意思是中国人使用手指来代表脑袋"，这样的表达显得非常累赘，故应予以简化：Ce geste avait deux significations : le doigt représentait la tête...。

3）在 Ce geste a deux significations : la première est ce que les Chinois utilisent le doigt pour représenter la tête, substituer la façon de frapper un petit coup la table à la façon de frapper la terre du front 这一句群中，第一句（Ce geste a deux significations : 旨在引导出后面两个解释）是一个完整的句子，第二句（la première est ce que les Chinois utilisent le doigt pour représenter la tête, 做第一个解释）也是一个完整的句子，但第三句（substituer la façon de frapper un petit coup la table à la façon de frapper la terre du front, 做第二个解释）却没有谓语，句子不完整，不符合法语造句的规则，而且也失去了语句之间的平衡。故第三句应改为 tapoter sur la table signifiait se prosterner。

4）不定式可以表示命令，例如 ne pas fumer，而此处需要的是解释，故应采用 tapoter sur la table signifiait se prosterner。

5）法语没有 frapper un petit coup 的表达方式，应改为 frapper doucement。

6）学生稿中存在太多的重复，例如 façon、frapper、du front，同学们应予以避免。

7）rendre hommage à qqn "向某人表示敬意"的潜台词是"在某些重要的日子，特地前来或致函向某人表达敬意，有时也可以带礼品来表示敬意"，与中文原稿所需"叩首表示感谢"的语义不符。

学生稿八：Il y a deux significations : la tête est représentée par un doigt, et la prosternation est représentée par le frappement sur la table. Le ministre ne peut pas directement se prosterner, alors il résout le problème avec cette méthode intelligente.

1）关于 frappement (←frapper)、directement、le problème、méthode intelligente 的不妥，请参阅上文解释。

2）Il y a deux significations 中的谓语动词时态应改为未完成过去时，以便说明这是在叙述过去发生的故事：Il y avait deux significations；为能做到上下文的顺畅链接，应添加 de cela 或 de ce geste：Il y avait de cela deux significations; Il y avait de ce geste deux significations 或 Il y avait deux significations à ce geste。

3）同理，la tête est représentée par un doigt, et la prosternation est représentée par le frappement sur la table 应改为 la tête était représentée par un doigt, et la prosternation par le frappement sur la table，其中的 était représentée 第二次出现时可以省略。

4）un doigt 是指五个手指中的任何一个手指，而本文场景中的手指或者是食指或者是全部的手指，故 la tête était représentée par un doigt 应改为 la tête était représentée par le doigt 或 la tête était représentée par les doigts。

5）同理，Le ministre ne pouvait pas directement se prosterner, alors il résout le problème avec cette méthode intelligente 中的谓语动词时态应改为未完成过去时：Le ministre ne pouvait pas se prosterner devant le public, ...il a résolu son problème avec cette astuce。

6）alors "当时、那时；那么、在这种情况下；或许；起承上启下的作用"无法表达 "因为……所以" 的语义，故 Le ministre ne peut pas directement se prosterner, alors il résout le problème avec cette méthode intelligente 应改为 Comme le ministre ne pouvait pas se prosterner devant le public, il a résolu son problème avec cette astuce。

7. 1）从法语撰文的角度看，首先得说 "这一举止成为习俗"，然后再说 "这个习俗在中国就流传了下来"：ce geste, qui a fait date, est toujours utilisé en Chine. 实际上，...a fait date ... "产生于当时" 包含两种可能：一是某种习惯产生了，但后来又被人们遗忘了；二是某种习惯产生了，直至现在依然被使用。标准稿出于强调 "直至

中文原稿：

于是，这个习俗在中国流传了下来。很多中国人在遇到别人给自己倒茶或者倒酒的时候，通常会微微笑着用手指头在桌子上敲三下表示感谢。

现在依然被使用"的目的，进行了重复：... est toujours utilisé en Chine。

2）在 De nombreux Chinois... pour exprimer leurs remerciements à celui ou celle qui lui sert ... "很多中国人……为向那个给自己斟酒倒茶的人表示感谢"中存在着人称变化的处理：De nombreux Chinois "很多中国人" 和 leurs remerciements "感谢" 都是第三人称复数，点出这一习俗存在于很多中国人的举止之中，而 celui ou celle、sert "人、斟酒倒茶" 和 lui "接受斟酒倒茶服务的人" 则是转换到了具体的斟酒倒茶场景。

标准稿：

Dès lors, ce geste, qui a fait date, est toujours utilisé en Chine. De nombreux Chinois, tout en souriant, frappent, trois fois de suite sur la table avec leurs doigts ainsi repliés pour exprimer leurs remerciements à celui ou celle qui lui sert une boisson alcoolisée ou du thé.

 【学生提问】

ce geste, qui a fait date, est toujours utilisé en Chine 是否可以改为 ce geste devenu coutume est toujours utilisé en Chine ？

 【教师回答】

不妥，问题出在 coutume 这一词语上。首先，coutume 是名词，用作 être 的表语，应当使用冠词；其次，coutume "习惯、习俗、惯例" 通常由较多的内涵构成，而本文场景中只是一个简单的手势而已，故用在此处语义过重。我们可以使用其形容词 coutumier "习惯的、惯常的、日常的"：ce geste est devenu coutumier et est toujours utilisé en Chine。虽然 coutumier 派生于 coutume，但是 coutumier 的主轴语义是 "日常可见的习惯"，而 coutume 则是 "习俗"，类似于风俗、文化习惯。

 【学生提问】

为什么在 trois fois 后面要添加 de suite ？

 【教师回答】

那是因为 trois fois "三次" 可以不是连续的，加上 de suite "连续" 则明确说明 "手指头敲三下桌子表示感谢" 中的 "三下" 必须连续敲击。

学生稿一：Ainsi, la coutume s'est propagée en Chine. C'est pour cela que beaucoup de Chinois, lorsque d'autres leur servent du thé ou de l'alcool, ont l'habitude de tapoter la table 3 fois avec l'index tout en souriant pour exprimer leur remerciement.

1）关于 coutume、单数 remerciement 的不妥，请参阅上文解释。

2）ainsi "这样、如此、同样、一样" 的主轴语义是 "和前面所说的方式一样"，与汉语原稿所需语义不符。应改为 depuis 或 dès lors。

3）如果用 d'autres 指代 "其他人"，则在此之前必须已经给出过某个特定的范围，例如 ...certains étudiants de notre promotion..., d'aures... "……我们班的一些人……，其他人……"。如果前面没有给出特定范围，"其他人" 可以用 on 来指代：... que beaucoup de Chinois, lorsqu'on leur sert du thé ou de l'alcool, ont l'habitude...。

4）学生译句中的 ont l'habitude de tapoter 应改为 tapotent。

5）3 fois 应改为 3 fois de suite，原因请参阅上文解释。

学生稿二：Lontemps de cela, cette coutume s'est répandue en Chine, davantage de Chinois expriment leur remerciement en souriant et en tapant trois coups sur la table avec la jointure du doigt à celui qui leur sert de l'eau-de-vie ou du thé.

1）法语没有 Lontemps de cela 的表达方式，应改为 Après cela。

2）关于 coutume、tapant（←taper）trois coups、jointure、单数 remerciement 的不妥，请参阅上文解释。

3）eau-de-vie "烧酒" 专指一种度数很高的酒，文中此处指的是任何含有酒精的饮料，而不仅仅是 eau-de-vie "烧酒"，故应改为 une boisson alcoolisée。

4）davantage de Chinois "更多的中国人" 的潜台词是 "多几个、增加的数量不是很大"，与中文原稿语义不符。应改为 beaucoup de Chinois、de nombreux Chinois 或 un grand nombre de Chinois。

学生稿三：Désormais, cette coutume se répand en Chine. Quand les autres versent du thé ou du vin pour les Chinois, beaucoup d'entre euxfrappent des doigts sur la table trois fois en souriant pour exprimer le remerciement.

1）关于 coutume、frappent（←frapper）、le remerciement 的不妥，请参阅上文解释。

2）désormais "从今以后、从此以后" 的主轴语义是 "从现在这个时间点开始"，后跟的句子谓语动词通常是现在时和将来时，很少使用复合过去时，而且通常不能后跟表示状态或延续的动词，只能后跟 "点状" 动作的动词，而 se répandre 无论是复合过去时还是现在时都表示延续的动作。故在此处应改为 Depuis, cette coutume s'est répandue en Chine。depuis 在此表示 "从那时到现在"。

3）les autres "其他人" 相对于谁呢？估计是学生将 les hôtes 错写成了 les autres。

4）pour les Chinois 给出的语义是 "为所有中国人"，与中文原稿所需语义不符。应改为 pour leurs invités。

5）pour qqn 可以有数种诠释：为了某人（的利益）而沏茶、替代某人而沏茶、沏茶给某人喝……所以，为了明确，应改用介词 à：Quand les hôtes versent du thé ou du vin à leurs invités。

学生稿四： En conséquence, cette coutume est transmise en Chine. Beaucoup de Chinois sourient et frappent la table avec leur index trois fois pour remerciement quand ils rencontrent quelqu'un qui leur verser du thé ou du vin.

1）关于 coutume、pour remerciement 的不妥，请参阅上文解释。

2）副词短语 en conséquence "因此、依此、相应地" 强调某个动作、行为、事件的直接后果，与中文原稿所需语义不符。故应改为 depuis "从那以后直至现在"。

3）est transmise 是被动态现在时，给出的语义是 "现在正在被传递"，与中文原稿所需语义不符，故应改为 s'est transmise "传递了下来"，潜台词是 "保留到了现在"。而且，transmettre（transmis、transmise 是其过去分词）由 trans "远距离" 和 mettre "放" 组合而成，意为 "从其他地方放过来的"，因此，cette coutume est transmise en Chine 给出的潜台词是 "原先是其他国家的习俗，被转移到了中国"，与中文原稿所需语义不符。

4）...quand ils rencontrent quelqu'un qui leur verser du thé ou du vin... 给出的语义是 "当他们（第一次）遇到某个人，这个人给他们沏茶或斟酒"，与汉语原稿所需语义不符。

5）如果维持学生译句 ...quelqu'un qui leur verser du thé ou du vin...，应将其中的 verser 改为 verse。

学生稿五：Par conséquent, cette coutume s'est propagée en Chine. Beaucoup de Chinois frappent généralement trois coups sur la table avec le doigt en souriant quand ils sont serts par leurs hôtes.

1）关于 coutume、frappent trois coups、le doigt 的不妥，请参阅上文解释。

2）par conséquent "因此、所以" 的主轴语义是 "作为结果"，通常用于表达上面所说的某个动作或情况所导致的直接结果，而本文所述的是几百年中慢慢形成的习俗，故 par conséquent 应改为 par la suite、depuis 或 depuis cela。

3）...cette coutume s'est propagée en Chine 应改为 ...ce geste qui est devenu coutumier s'est propagé en Chine。

4）quand ils sont serts par leurs hôtes 应改为 quand ils sont servis par leurs hôtes。但是 quand ils sont servis par leurs hôtes 给出的语义是 "当他们被自己的主人服务了以后"，我们无从知道服务的具体内容，故应改为 quand on leur sert du thé ou une boisson alcoolisée。

学生稿六：Par conséquent, cette coutume est suivie par les Chinois pendant longtemps. Aujourd`hui, un grand nombre de Chinois frappent 3 fois la table avec son index en souriant pour montrer leur reconnaissance lors d'être servi.

1）关于 par conséquent、coutume、frappent（frapper）、montrer、reconnaissance 的不妥，请参阅上文解释。

2）est suivie（être suivi）"被跟踪"，与中文原稿所需语义不符。

3）pendant longtemps "在很长一段时间内" 通常用于表达过去曾经发生过，现在已不再存在的现象，与中文原稿所需语义不符。

4）如果 un grand nombre de Chinois 成立，那么，avec son index 应改为 avec leur index。

5）lors de 只能后跟名词，不能后跟动词。

学生稿七：En conséquence, cette coutume a été transmise en Chine. Beaucoup de Chinois frappent leurs doigtstrois fois sur la table en souriant pour remercier quand ils sont servis de verser du thé ou de l'alcool.

1）关于 en conséquence、cette coutume、transmise、frappent 的不妥，请参阅上文解释。

2）学生译句 ...cette coutume a été transmise en Chine 采用了被动态，给出

的潜台词是"被迫被传到了中国"，故应改为代词式动词 s'est transmise en Chine，旨在突出"自然而然就成为"的语义。

3）en Chine"在中国"可以表示中国的某个地方，也可以表示在中国的数个地方。但是 à travers"穿过、经过、通过、透过"的主轴语义是"穿过广阔的地域、区域或 / 并穿透其厚度"，故 à travers la Chine 更能表现该习俗已经成为中国广为流传的习俗文化。En conséquence, cette coutume a été transmise en Chine 应改为 C'est ainsi que ce geste est devenu une coutume qui s'est transmise à travers la Chine。

4）pour remercier 缺少宾语，故应改为 pour le remercier 或 pour exprimer ses remerciements。

5）法语没有"être servi + 动词"的表达方式。关于 servir 用法的详细说明，请参阅上文。

学生稿八： En conséquence, cette coutume a été transmise en Chine. Beaucoup de Chinois sourient et utilisent leurs doigts sur la table pour faire trois remerciements quand ils rencontrent quelqu'un pour verser du thé ou verser du vin.

1）关于 en conséquence、cette coutume、a été transmise、vin 的不妥，请参阅上文解释。

2）faire trois remerciements 给出的语义是"进行三次感谢"，与中文原稿所需语义不符。

3）quand ils rencontrent quelqu'un pour verser du thé ou verser du vin 给出的语义是"当他们为沏茶或斟酒而遇到了某个人"，与中文原稿所需语义不符。

图书在版编目（CIP）数据

精简与归一法语课堂. 1，出行篇 / 王珊珊，赵英晖
著. -- 上海 ：上海三联书店，2025. 8. -- ISBN 978
-7-5426-8647-3

　Ⅰ. H329. 3

中国国家版本馆CIP数据核字第2024SR0596号

精简与归一法语课堂1
出行篇

著　　者 / 王珊珊　赵英晖
责任编辑 / 张静乔　钱凌笛
特约编辑 / 李洌铃
装帧设计 / 徐　徐　陆纯纯
插　　画 / 方　芳
监　　制 / 姚　军
责任校对 / 王凌霄

出版发行 / 上海三联书店
　　　　　 (200041) 中国上海市静安区威海路755号30楼
邮　　箱 / sdxsanlian@sina.com
联系电话 / 编辑部：021-22895517
　　　　　 发行部：021-22895559
印　　刷 / 上海颛辉印刷厂有限公司

版　　次 / 2025年8月第1版
印　　次 / 2025年8月第1次印刷
开　　本 / 710mm×1000mm　1/16
字　　数 / 210千字
印　　张 / 13.5
插　　页 / 1页
书　　号 / ISBN 978-7-5426-8647-3 / H·141
定　　价 / 78.00元

敬启读者，如本书有印装质量问题，请与印刷厂联系021-56152633